于 漪 主编

"青青子衿"传统文化书系

天地化育

干 友 编著

山西出版传媒集团
山西教育出版社

图书在版编目（CIP）数据

天地化育/王友编著. —太原：山西教育出版社，2016.5（2022.6重印）
（"青青子衿"传统文化书系/于漪主编）
ISBN 978-7-5440-8337-9

Ⅰ.①天… Ⅱ.①王… Ⅲ.①中华文化-通俗读物 Ⅳ.①K203-49

中国版本图书馆 CIP 数据核字（2016）第 065502 号

天地化育
TIANDI HUAYU

责任编辑	康　健
复　　审	邓吉忠
终　　审	郭志强
装帧设计	薛　菲　孟庆媛
印装监制	蔡　洁

出版发行　山西出版传媒集团·山西教育出版社
　　　　　（太原市水西门街馒头巷 7 号　电话：：0351-4729801　邮编：030002）
印　　装　北京一鑫印务有限责任公司
开　　本　889×1194　1/32
印　　张　8.625
字　　数　183 千字
版　　次　2016 年 5 月第 1 版　2022 年 6 月第 2 次印刷
印　　数　8 001—11 000 册
书　　号　ISBN 978-7-5440-8337-9
定　　价　48.00 元

如发现印装质量问题，影响阅读，请与印刷厂联系调换。电话：010-61424266

序言

　　文化是民族的血脉，是人的精神家园。
　　一颗没有精神家园的心灵，就会浮游飘荡，既不可能潜心思考自己生命的意义与价值，也不可能对他人有真挚的情感关切，更不可能对社会有发自肺腑的责任感。
　　中华传统文化源远流长，其中的优秀遗产积淀着中华民族最深层的精神追求，代表着中华民族独特的精神标志，为中华民族生生不息、发展壮大提供了丰厚滋养。地哺育了一代代中华优秀儿女，支撑他们成为中国的脊梁。
　　成长中的青少年认真汲取其中的精华和道德精髓，就会长智慧，明方向，增力量，懂得自己根在何处，魂在何方。经典活在时间的深处；价值追求，在文字海洋里奔腾。《"青青子衿"传统文化书系》助你发现其中蕴含的优秀文化基因，探寻当下时代的使命，让您有渴饮琼浆的快乐，醍醐灌顶的惊喜。

于漪 2015年岁末

前 言

　　1988年初，75位诺贝尔奖获得者在巴黎集会共同探讨新世纪的发展前途问题。讨论中，他们一致认为：人类要在21世纪生存下去，必须到2500年前的孔子那里去汲取智慧。在西方人看来，孔子不仅是儒家学派的大思想家，更代表了悠久而又具有时代气息的中华传统文化。那么，在中华传统文化中又有哪些可以给当今人类发展提供智慧和启迪呢？我认为，很重要的一点就是天人合一的中华文化思想内涵。

　　与西方现代观念不同，中华传统文化追求天人合一的境界，致力于人与自然的和谐统一。古人早就认识到"赞天地之化育，则可以与天地参"。也就是说，人如果能够自觉参与到天地运行中去，主动去帮助天地万物自然化育，就可以达到与天地等同的境地。这是人与自然和谐相处的最高境界。在这种境界中,"万物并育而不相害,道并行而不相悖",人与自然万物平等相处,各自按照自身固有的规律和谐发展。

在天地化育认识的启迪下,古代人在与自然万物相处中积极探求自然之理、万物之道。他们敬畏自然,并且把从自然万物中探求到的认知规律自觉运用到人类社会的发展中。古人对天地万物的诸多认知,如"天地有大美而不言""天地之间有理有气""安时而处顺"等,既显现出朴素的科学价值,又为传统文化增添了人文色彩。日本物理学家、诺贝尔奖得主汤川秀树就曾把"判天地之美,析万物之理"印在他的著作的扉页上,作为研究物理的指导思想及最高美学原则。

曾几何时,我们在"与天斗其乐无穷,与地斗其乐无穷"思想的指引下改天换地。在发展生产的同时也带来了不少负面影响。显然这是对"人定胜天"的误读。面对越来越严峻的社会现实,我们逐渐从这种片面的认识中走了出来,重新意识到"赞天地之化育,则可以与天地参"的道理。其实,荀子不仅提出了"人定胜天",他还清醒地认识到"顺其类者谓之福,逆其类者谓之祸",并且提出"物畜而制之""制天命而用之"等主张。可见,与天地自然抗争要建立在顺应自然规律的基础之上。

近几年来,人类生活的生态环境日益恶化,水土流失,沙漠侵蚀,重金属污染,雾霾弥漫等等已经严重影响到我们的生活。今天,重提天地化育和谐发展,不仅有利于我们认识中华优秀传统文化,更是时代发展的要求。不仅如此,天地化育在处理人际交往、解决国际问题等方面也有启发意义。在天地化育、天人和谐思想的启发下，我们国家曾经提出了"和平共处五项原则"，今天又在为和谐社会的建设和民族复兴的中国梦而努力。可见，天地化育具有极强的启发意义，不仅适用于人与自然，也适用于人类社会的许多方面。

　　本书试图从天地之原、太初之道、赤子之心、济世之志、山水之趣、家园之思、生命之旅、自然之理、优游之怀等九个方面，每类选取历代文化典籍十余篇对天地化育予以阐释。希望这些选文能够给读者一点启发和收获。当然，由于笔者学力有限，文化积淀不足，选文诠释等错漏不当之处在所难免，敬请读者批评指正。

王友于朱家角

目 录

第一章 天地之原
◎ **文化典籍** ::001

　一　乾坤定矣　::001

　二　万物之本原　::003

　三　有始也者　::005

　四　天地有大美　::007

　五　不幸不见天地之纯　::009

　六　天行有常　::011

七　承天地之和　::013

　　八　自然之道　::014

　　九　未有天地之先　::016

　　十　二仪肇分，厥生不息　::017

　　十一　天地万物本吾一体　::019

◎文化倾听　::021

◎文化传递　::024

◎文化感悟　::026

第二章　太初之道

◎文化典籍　::027

　　一　一阴一阳之谓道　::027

　　二　天地之道　::028

　　三　大哉圣人之道　::030

　　四　道生万物　::032

　　五　道常无为而无不为　::033

　　六　执古之道　::035

　　七　道之所言者一　::037

　　八　古之道术有在于是者　::039

　　九　天地间非形即气　::041

　　十　万事皆有当然之则　::043

◎文化倾听　::044

◎ **文化传递** ::046

◎ **文化感悟** ::048

第三章　赤子之心

◎ **文化典籍** ::049

　　一　天地不仁　::049

　　二　以百姓之心为心　::051

　　三　天道无亲，常与善人　::052

　　四　常德不离　::054

　　五　举世皆浊我独清　::055

　　六　人而无信，不知其可　::058

　　七　老吾老，以及人之老　::059

　　八　穷则独善其身，达则兼善天下　::060

　　九　遭世罔极兮，乃陨厥身　::062

　　十　怒发冲冠　::064

　　十一　怵惕恻隐之心　::066

　　十二　最初一念之本心　::068

　　十三　不失赤子之心　::070

◎ **文化倾听** ::072

◎ **文化传递** ::074

◎ **文化感悟** ::076

第四章　济世之志

◎ 文化典籍 ::077

一　博施于民而能济众 ::077

二　济人之急者，德也 ::078

三　贫者贷之，不善者教之 ::080

四　大丈夫处世，当扫除天下 ::082

五　人己求，拒之将惭 ::083

六　祖逖闻鸡起舞 ::085

七　素怀济世之略 ::087

八　以天下为己任 ::088

九　醉里挑灯看剑 ::090

十　李谦焚券 ::091

十一　振人之危，大是好事 ::093

十二　郑板桥大兴修筑 ::094

◎ 文化倾听 ::096

◎ 文化传递 ::098

◎ 文化感悟 ::101

第五章　山水之趣

◎ 文化典籍 ::102

一　洪波涌起 ::102

二　清流激湍 ::104

  三　山气日夕佳　::106

  四　青霭入看无　::107

  五　日照香炉生紫烟　::109

  六　直出浮云间　::110

  七　造化钟神秀　::111

  八　似与游者相乐　::113

  九　山水之乐，得之心而寓之酒也　::115

  十　微波入焉　::117

  十一　月出于东山之上　::120

  十二　郊田之外未始无春　::122

  十三　半山居雾若带然　::125

◎ **文化倾听**　::128

◎ **文化传递**　::130

◎ **文化感悟**　::132

第六章　家园之思

◎ **文化典籍**　::133

  一　维桑与梓，必恭敬止　::133

  二　谁谓宋远？跂予望之　::136

  三　曰归曰归，心亦忧止　::137

  四　庄舄思归　::139

  五　不背本，不忘旧　::140

六　情眷眷而怀归 :: 142

七　竟夕起相思 :: 145

八　思乡泪满巾 :: 146

九　心随流水先还家 :: 147

十　但愿人长久，千里共婵娟 :: 148

十一　化作啼鹃带血归 :: 150

十二　聒碎乡心梦不成 :: 152

◎ 文化倾听 :: 153

◎ 文化传递 :: 156

◎ 文化感悟 :: 157

第七章　生命之旅

◎ 文化典籍 :: 159

一　厥初生民，时维姜嫄 :: 159

二　伏清白以死直兮 :: 161

三　未知生，焉知死 :: 163

四　所欲有甚于生者 :: 166

五　安时而处顺 :: 168

六　报任安书 :: 171

七　烈士暮年，壮心不已 :: 173

八　人之相与，俯仰一世 :: 175

九　浮生若梦，为欢几何 :: 178

十　哀吾生之须臾　::180

　　十一　未觉池塘春草梦　::183

　　十二　寒花葬志　::184

　　十三　祭妹文　::186

◎ 文化倾听　::189

◎ 文化传递　::192

◎ 文化感悟　::193

第八章　自然之理

◎ 文化典籍　::195

　　一　道法自然　::195

　　二　万物莫不尊道而贵德　::197

　　三　制天命而用之　::199

　　四　物有常容　::200

　　五　依乎天理　::202

　　六　佝偻承蜩　::206

　　七　天地虽大，其化均也　::208

　　八　清水出芙蓉　::211

　　九　顺木之天，以致其性　::213

　　十　出淤泥而不染　::217

　　十一　天地之间，有理有气　::219

　　十二　病梅馆记　::220

◎ 文化倾听　::223

◎ **文化传递** ::226

◎ **文化感悟** ::228

第九章　优游之怀
◎ **文化典籍** ::229

　　一　溱与洧，方涣涣兮 ::229

　　二　从心所欲，不逾矩 ::231

　　三　子非鱼，安知鱼之乐 ::233

　　四　羁鸟恋旧林 ::234

　　五　与朱元思书 ::236

　　六　一夜飞度镜湖月 ::240

　　七　长安市上酒家眠 ::243

　　八　记承天寺夜游 ::245

　　九　密州出猎 ::247

　　十　放浪曲蘖，恣情山水 ::249

　　十一　湖心亭看雪 ::252

◎ **文化倾听** ::254

◎ **文化传递** ::257

◎ **文化感悟** ::259

第一章　天地之原

文化典籍

一　乾坤定矣

【原文选读】

天尊地卑，乾坤定矣。卑高以陈①，贵贱位②矣。动静有常，刚柔断矣。方③以类聚，物以群分，吉凶生矣。在天成象，在地成形，变化见④矣。是故，刚柔相摩⑤，八卦相荡⑥。鼓之以雷霆，润之以风雨，日月运行，一寒一暑，乾道成男，坤道成女。乾知大始⑦，坤作成物⑧。乾以易⑨知，坤以简⑩能；易则易知，简则易从；易知则有亲，易从则有功；有亲则可久，有功则可大；可久则贤人之德⑪，可大则贤人之业⑫。易简，而天下之理得矣。天下之理得，而成位⑬乎其中矣。

(选自《易经·系辞上传》)

注释：

①陈：排列。

②位：确定。

③方：应当是"人"。

④见（xiàn）：通"现"，显现，出现。

⑤摩（mó）：碰撞，摩擦。

⑥荡：震荡，激荡。

⑦知：这里用作"为"，意思是成为、构成。大始：原始，初始。

⑧成物：具备完整形体的万物。

⑨易：容易，平易。

⑩简：简略，单纯。

⑪贤人之德：陶冶人的品德。

⑫贤人之业：成就人的功业。

⑬位：在，在于。

【文意疏通】

天尊贵，地卑下，这是由乾与坤的位次确定的。卑下高贵依次排列，尊贵低贱也就确定了。运动和静止有一定规则，刚健和柔弱由此划分。人按共性聚在一起，物按类别相区分，吉祥和凶险由此产生。它们在天上形成不同的天象，在地下形成不同的地貌，变化和发展由此显现。所以，刚健柔弱互相摩擦碰撞，八个卦象互相交叠激荡。用雷霆来鼓动它们，用风雨来滋润它们，日月交替运行，寒暑相继变换，天的规律成为男性象征，地的规律构成女性象征。天成为创始，地养育万物。天以平易显现智慧，地以简明显现功能。平易就容易被认识，简明就容易被遵循。容易认识就使人亲近，容易遵循就会有成就。亲近可以持久，成就可以光大。持久能陶冶人的品德，光大能成就人的功业。懂得了平易简明，就理解了天地间的道理。理解了天地间的道理，成功就包含在它里面了。

【义理揭示】

　　天地是中国传统思想的出发点，有了天地，然后才有人和世间万物。古人将万物分成对立的两极，如天与地、贵与贱、男与女、刚与柔等等，看似具有强烈的等级观念，但是事实上天地作为自然物，并无高低贵贱之分。在《易经·系辞上传》中，古人对天地的看重，实际上是对自然的重视，对自然法则的重视。在乾坤初定后，天地之间就有了法则，这一法则无论对自然万物来说，还是对人而言都必须遵守。这显现了古人非常朴素的自然观，即要尊重自然规律。

二 万物之本原

【原文选读】

　　地者，万物之本原，诸生之根菀①也，美恶、贤不肖、愚俊②之所生也。水者，地之血气，如筋脉之通流者也。故曰：水，具材③也。

　　何以知其然也？曰：夫水淖弱④以清，而好洒⑤人之恶，仁也；视之黑而白，精⑥也；量之不可使概，至满而止，正也；惟无不流，至平而止，义也；人皆赴高，己独赴下，卑也。卑也者，道之室，王者之器也，而水以为都居。

（选自春秋·管仲《管子·水地》）

注释：

①根菀（wǎn）：根本。

②俊：才华出众。

③具材：具备一切的东西。

④淖（nào）弱：柔和。

⑤洒：这里是洗的意思。

⑥精：通"情"，这里是诚实的意思。

【文意疏通】

地，是万物的本原，是一切生命的植根之处，美与丑，贤与不肖，愚蠢无知与才华出众都是由它产生的。水，则是地的血气，它像人身的经脉一样，在大地里流通着。所以说，水是具备一切的东西。

怎样了解水是这样的呢？回答说：水柔弱而且清白，善于洗涤人的秽恶，这是它的仁。看水的颜色虽黑，但本质则是白的，这是它的诚实。计量水不必使用概，满了就自动停止，这是它的正。不拘什么地方都可以流去，一直到流布平衡而止，这是它的义。人皆攀高，水独就下，这是它的谦卑。谦卑是"道"的所在，是帝王的气度，而水就是以"卑"作为聚积的地方。

【义理揭示】

古人都以自己的认识来推断天地之本原。管子认为地是万物之本原，而水是地之精华，所以由此得出水是本原中的本原。在先秦时期，古人大多是从事物的外在形态入手，将事物的外在形态与理性认识相联系，从而来探究对世界的认识。这种认识世界的方法虽然看似简单，但是却能够从看似简单的事物中发现深刻的哲理。管子对地和水的认识不仅体现了古人探索求知的精神，其中对天地万物的探索对我们为人处世也有启发意义。

三 有始也者

【原文选读】

　　今且有言于此，不知其与是类①乎？其与是不类乎？类与不类，相与为类，则与彼无以异矣。虽然，请尝②言之：有始也者③，有未始有始也者，有未始有夫未始有始也者；有有也者，有无也者④，有未始有无也者，有未始有夫未始有无也者。俄而⑤有无矣，而未知有无之果孰有孰无也。今我则已有谓⑥矣，而未知吾所谓之其果有谓乎？其果无谓乎？夫天下莫大于秋豪之末⑦，而太山⑧为小；莫寿于殇子⑨，而彭祖为夭⑩。天地与我并生，而万物与我为一。

　　　　　　　　　　　　（选自战国·庄周《庄子·齐物论》）

注释：

　①类：同类、相同。

　②尝：试。

　③有始也者：宇宙有个开始。

　④有有也者，有无也者：宇宙万物之处，有"有"的东西，也有"无"的东西。

　⑤俄而：突然。

　⑥谓：评说、议论。

　⑦于：比。豪：通作"毫"，细毛。末：末梢。秋毫之末比喻细小的事物。

　⑧太山：即泰山。

⑨殇（shāng）子：未成年而死的人。
⑩夭：夭折，短命。

【文意疏通】

现在暂且在这里说一番话，不知道这些话跟其他人的谈论是相同的呢，还是不相同的呢？相同的言论与不相同的言论，既然相互间都是言谈议论，从这一意义来说，不管其内容如何也就是同类的了。虽然这样，还是请让我试着把这一问题说一说。宇宙万物有它的开始，同样有它未曾开始的开始，还有它未曾开始的未曾开始的开始。宇宙之初有过这样那样的"有"，但也有个"无"，还有个未曾有过的"无"，同样也有个未曾有过的未曾有过的"无"。突然间生出了"有"和"无"，却不知道"有"与"无"谁是真正的"有"、谁是真正的"无"。现在我已经说了这些言论和看法，但却不知道我听说的言论和看法是我果真说过的言论和看法呢，还是果真没有说过的言论和看法呢？天下没有什么比秋毫的末端更大，而泰山算是最小；世上没有什么人比夭折的孩子更长寿，而传说中年寿最长的彭祖却是短命的。天地与我共生，万物与我为一体。

【义理揭示】

庄子认为世界万物包括人的品性和感情，虽然看起来是千差万别，归根结底却又是齐一的，这就是"齐物"。庄子还认为人们的各种看法和观点，看起来也是千差万别的，但世间万物既是齐一的，言论归根结底也应是齐一的，没有所谓是非和不同，这就是"齐论"。庄子提出"天地与我并生，而万物与我为一"的齐物论

思想，其实恰恰说明了人与天地万物是和谐统一的一个整体。

四 天地有大美

【原文选读】

天地有大美①而不言，四时有明法②而不议，万物有成理③而不说。圣人者，原天地之美而达万物之理④，是故至人无为，大圣不作，观于天地之谓也。

今彼神明至精⑤，与彼百化⑥；物已死生方圆⑦，莫知其根也，扁然⑧而万物自古以固存。六合为巨，未离其内⑨；秋毫为小，待之成体。天下莫不沈浮⑩，终身不故⑪；阴阳四时运行，各得其序。惛然⑫若亡而存，油然⑬不形而神，万物畜而不知。此之谓本根，可以观于天⑭矣。

（选自战国·庄周《庄子·知北游》）

注释：

①大美：指天地覆载万物，生养万物而又不自居其功，具有最大的美德。

②明法：明确的规律。

③成理：万物生成之理。

④原：归本、推究之意。达：通达。

⑤彼：指天地。神明：天地蕴含的活力、创造力，虽无形可见却无所不在，主宰一切，它是极精微的。

⑥彼：指万物。与彼百化：天地参与万物之各种变化。

⑦死生方圆：物或生或灭，或方或圆，变化无方，形态各异，莫知其所由来。

⑧扁然：犹遍然，普遍地。

⑨其：指道。六合……其内：六合虽巨大，亦在大道中。

⑩沈（chén）浮：升降、往来。表示万物的相互作用与无穷变化。沈：通"沉"。

⑪故：陈旧。不故：言其新故相除，永葆生机。

⑫惛（hūn）然：暗昧之状，形容大道暗昧模糊，似亡而存的样子。

⑬油然：流动变化无所系着之状。

⑭观于天：观见自然之道。

【文意疏通】

　　天地具有伟大的美却无需用言语表达，四时运行具有显明的规律却无需加以评议，万物的变化具有现成的规律却用不着加以谈论。圣哲的人，探究天地伟大的美而通晓万物生长的道理，所以"至人"顺应自然，无所作为，"大圣"也不会妄加行动，这是说对于天地作了深入细致的观察。

　　大道神明精妙，参与宇宙万物的各种变化；万物业已或死、或生、或方、或圆，却没有谁知晓变化的根本，一切都是那么自然而然地自古以来就自行存在。"六合"算是十分巨大的，却始终不能超出道的范围；秋天的毫毛算是最小的，也得仰赖于道才能成就其细小的形体。宇宙万物无时不在发生变化，始终保持着变化的新姿；阴阳与四季不停地运行，各有自身的序列。大道是那么混沌昧暗，仿佛并不存在却又无处不在，生机盛旺、神妙莫测却又不留下具体的形象，万物被它养育却一点也未觉察。这就称作本根，可以用它来观察自然之道了。

【义理揭示】

"天地有大美而不言。"庄子提出"至人无为,大圣不作",一切"观于天地"的主张,也就是说要一切顺其自然。庄子在讨论"道"时,一方面指出了宇宙的本原和本性,另一方面也论述了人对于宇宙和外在事物应持的观点和态度。因为一切都有其自身的规律,所以不必有为,顺其自然。这些基于宇宙万物的整体性和同一性认识,正是庄子思想的核心所在。

五 不幸不见天地之纯

【原文选读】

天下大乱,贤圣不明①,道德不一。天下多得一察焉以自好。譬如耳目鼻口,皆有所明,不能相通。犹百家众技也,皆有所长,时有所用。虽然,不该②不遍③,一曲之士也。判④天地之美,析⑤万物之理,察⑥古人之全。寡能备于天地之美,称神明之容。是故内圣外王之道,暗而不明,郁而不发,天下之人各为其所欲焉以自为方。悲夫!百家往而不反,必不合矣!后世之学者,不幸不见天地之纯,古人之大体。道术将为天下裂。

(选自战国·庄周《庄子·天下》)

注释:

①明:彰显。

②该:通"賅"(gāi),完备。

③遍:全面。

④判:割裂。

⑤析：离析。
⑥察：减损，破坏。

【文意疏通】

天下大乱之时，贤圣的学术主张不能彰显于世，道德的标准也不能求得划一，天下人大多凭借一孔之见就自以为是炫耀于人。譬如眼、耳、口、鼻，各有各的功能和作用，不可能相互交替使用。又好像各种各样的技艺，各有各的长处，适用时就能派上用场。虽然如此，不能完备周全，只能是一些偏执于一端的人。他们分割了天地淳和之美，离析了万物相通之理，肢解了古人的道术，很少能够真正合于纯真的自然之美，匹配灵妙和睿智的容状。所以内圣外王的主张，晦暗不明，阻滞不通，天下人各自追求喜欢的东西并把偏执的看法当作完美的方术。可悲啊！诸家学派越走越远不能返归正道，必定不能合于古人的道术！后代的学者，实在是不幸，不能见到自然纯真之美和古人道术的全貌，道术也就势必受到诸家学派的分割与破坏。

【义理揭示】

今天，我们读起这段话尤感惊心动魄。高科技、科学化、功利化，使我们与世界对立起来，失去了天地万物整体为一的生命智慧，使我们失去了文化标尺与精神定力。越来越多的人迎合世俗追名逐利，而非追求真理达成天地和谐，于是越来越多的自然纯真之美和古人的道术也就离我们而去。因此，无论是自然科学还是人文科学，我们都要追求天地之道，否则天地自然就无法和谐有序，无法融通统一。

六 天行有常

【原文选读】

天行有常,不为尧存,不为桀亡。应①之以治则吉,应之以乱则凶。强本②而节用,则天不能贫;养③备而动时④,则天不能病⑤;循道而不贰⑥,则天不能祸。故水旱不能使之饥,寒暑不能使之疾,妖怪不能使之凶。本荒⑦而用侈,则天不能使之富;养略而动罕,则天不能使之全;倍⑧道而妄行,则天不能使之吉。故水旱未至而饥,寒暑未薄⑨而疾,妖怪未至而凶。受时与治世同,而殃祸与治世异,不可以怨天,其道然也。故明于天人之分,则可谓至人矣。

(选自战国·荀况《荀子·天论》)

注释:

①应:适应。

②本:根本,这里指农业生产。

③养:指养生的东西。

④动时:指耕作适时。

⑤病:害,这里是使人困苦的意思。

⑥不贰:专一,坚定不移的意思。

⑦荒:荒废。

⑧倍:通"背",违背。

⑨薄:迫近。

【文意疏通】

大自然的运行变化有固定的规律,不因为尧而存在,不因为桀而消亡。用合乎正道的措施适应它就吉利，用违反客观规律的措施对待它就凶险。加强农业生产并节约用度，那么天不可能使人贫穷；衣食等生活资料充足并按照天时、季节安排生产活动，那么天不可能使人困苦；遵循天道而不发生差错，那么天也不可能使人遭祸。所以水旱灾害不可能使人饥荒，寒暑变化不可能使人生病，怪异反常的自然现象不可能使人凶险。农业荒废且用度浪费，那么天就不可能使人富裕；生活资料不充足又懒于从事生产劳动，那么天就不可能使人足衣足食、健康安定；违背客观规律而胡乱行动，那么天就不可能使人吉利。所以水旱灾害没有到来就发生饥荒，严寒酷暑没有迫近就发生疾病，怪异反常的自然现象没有出现就发生凶险。遇到的天时与太平之世相同，而灾祸却与太平之世不同，不可以埋怨上天，大自然的规律就是如此。所以明白了大自然和人各自的作用范围，就可以称得上是最了不起的人了。

【义理揭示】

天行有常，事在人为。在这段文字中，荀子指出自然的运行是有规律的，这种客观规律不是人的主观意愿所能改变的，但是人可以认识它。顺应它，运用它，就可以趋吉避凶，消祸得福。顺应这个规律就吉祥，违背它就有凶灾。所以智者、圣人只需考虑世间之事，只需要考虑如何顺应自然，而不去考虑怎样改变自然规律。从这一方面来看，社会治乱的根源不在天而在人。

七 承天地之和

【原文选读】

阴阳者,承天地之和①,形万殊之体;含气化物,以成埒类②;嬴缩③卷舒,沦于不测;终始虚满,转于无原④。四时者,春生夏长,秋收冬藏;取予有节⑤,出入有时;开阖张歙⑥,不失其叙⑦;喜怒刚柔,不离其理。六律者,生之与杀也,赏之与罚也,予之与夺也,非此无道也。故谨于权衡准绳,审⑧乎轻重,足以治其境内矣。

(选自西汉·刘安《淮南子·本经训》)

注释:

①和:中和之气。
②埒(liè)类:即种类,此处指万物。
③嬴缩:伸缩。
④原:根本,缘由。无原:没有始终。
⑤节:有节制。
⑥开阖(hé):开启与闭合。张歙(xī):张开与关闭。
⑦叙:次序。
⑧审:审察。

【文意疏通】

所谓阴阳二气,承受着天地自然中和之气,形成万物千差万别的形体,蕴含着的和气能化育万物;它伸缩舒卷,深入到无法测度的境域，开始时虚空，终至于盈满，周转于没有终始的时空中。所谓四时，春主生育、夏主成长、秋主收敛、冬主藏纳；索取和给予有节制，出入有时；它开张合闭不失次序，喜怒刚柔不违原理。所谓六律，是指"生与杀、赏与罚、予与夺"这六种；除此之外，别无他道。所以，谨慎地持守这些权衡准绳、审察这些法度的轻重，就足以治理好所管辖的国家了。

【义理揭示】

淮南王刘安在《淮南子·本经训》中推测了万事万物的发生、发展和变化。他认为阴阳囊括了自然界的一切事物，其变化是无穷无尽的。其中，他对四时、六律的认识虽至为朴素，其最初的目的也仅为治国之需，但是他明确指出了人生活在宇宙间，和整个自然息息相关，反映了天人相应的整体观。

八 自然之道

【原文选读】

文之为德也大矣，与天地并生者，何哉？夫玄黄色杂，方圆体分；日月叠璧①，以垂丽天之象；山川焕绮②，以铺理地之形。此盖道之文也。仰观吐曜③，俯察含章④，高卑定位，故两仪既生矣。惟人参之，性灵所钟，是谓三才。为五行⑤之秀，实天地之心。心生而言立，言立而文明，自然之道也。傍及万品，动植皆文：龙凤以藻绘呈瑞，虎豹以炳蔚凝姿；云霞雕色，有逾画工之妙；草木贲华⑥，无待锦匠之奇。夫岂外饰？盖自然耳。至于林籁结响，调如竽瑟；泉石激韵，和若球锽⑦。故形立则章成矣，声发则文生矣。

夫以无识之物，郁然⑧有彩，有心之器，其无文欤？

(选自南朝·刘勰《文心雕龙·原道》)

注释：

①璧：环状的玉。叠璧：《尚书》中曾记载日月曾一度像璧那样重叠起来。

②焕绮（huàn qǐ）：光彩绮丽。焕：光彩。绮：有花纹的丝织品，此处用来指文采。

③吐曜（yào）：即发光，指日、月、星。曜：光明照耀。

④含章：蕴含着美，多指地理风光。章：文采。

⑤五行：金、木、水、火、土，古人认为这是组成天地万物的五种元素。

⑥贲（bì）：装饰。华：花。

⑦球：玉磬，一种敲击乐器。锽（huáng）：钟声。

⑧郁然：草木茂盛的样子，形容文采之盛。

【文意疏通】

　　文章的属性是多么普遍啊！它和天地一起产生，为何这么说呢？从天地产生之时起就有了黑色和黄色、圆形和方形的区别。日月有如重叠的璧玉，来显示附在天上的形象；山川好像灿烂的锦绣，来显示大地的形貌富有纹理，这些都是大自然的文章啊！向上看天空，日月发射出耀眼的光芒；向下看大地，山川万物蕴含着丰富的文采。天高地卑的位置确定了，于是产生了天地"两仪"。只有人与天、地相配，他们身上才孕育天地的灵性，这就是"三才"。人为万物之灵，实际是有思想的天地之心。有了思想活动，语言才得以跟着确立，语言确立了，文章才能鲜明，这是自然的道理。推广到万物，不论动物、植物都有文采：龙凤以五彩的颜色显示它们的祥瑞，虎豹以斑斓的花纹构出它们的雄姿；精心雕绘的云霞，色彩缤纷胜过画工设色的巧妙；鲜花满缀的草木，如同刻意装饰过一般，不需工匠手艺的神奇。这些难道都是外界强加修饰的吗？是它们本身自然形成的罢了。至于风吹山林发出的声响，有如吹竽鼓瑟的乐调；泉水击岩石的韵律，犹若扣磬鸣钟的和声。所以形体确立，声韵激发，文章就出现了。无知的自然之物还都富有丰富的文采，有心智的人难道还没有文采吗？

【义理揭示】

在《原道》中，刘勰主张文章应该有动人的文采，强调艺术技巧；但又反对过分雕琢的创作倾向，因为这样违反了"自然之道"。在这里，刘勰从天地自然之道说到人必然有"文"，把为文与自然相联系。然后得出结论：万物所有的文采都不是人为的、外加的，而是自然而然形成的。这是为文之道。其实，反过来，我们以为文之道来理解自然之道，也是如此。自然万物，自然而然。

九 未有天地之先

【原文选读】

未有天地之先，毕竟也只是理。有此理，便有此天地；若无此理，便亦无天地，无人无物，都无该载①了。有理便有气，流行发育万物。

(选自南宋·朱熹《朱子语类》)

注释：

①该载：备载，容纳一切的意思。

【文意疏通】

在没有天地的时候,毕竟也已经存在了形成天地的理了。有这种理,便有这样的天地;没有这个理,也就没有天地,没有人物,没有天地间的一切了。有理存在就有气,由它流动变化发育万物。

【义理揭示】

张载提出了"立天理""灭人欲"的命题。程颢和程颐吸收了张载的"天性"思想,并把"天性"改造成世界本原的天理。到朱熹则把理和气一起看成是世界本原。朱熹认为在没有天地的时候,就已经存在了形成天地的理。天地形成之前不仅有形成天地的理,也有着形成天地的混沌之气。正是这理和气才孕育了天地万物。

十 二仪肇分,厥生不息

【原文选读】

二仪①肇分②,厥③生不息,太和④絪缊⑤,群命斯植。有物于此兮,不方而圆。包括二质兮,阴阳具全。金玉⑥发耀兮,互相裹缠。外固内藏兮,刚柔以宣⑦。清浊未判兮,浑浑⑧其天,无首无趾兮,突然而然。元气密受兮,母以子传⑨。野人不识兮,请占筵篝⑩。

(选自明·涂几《鸡子赋》)

注释:

①二仪:天、地称二仪。

②肇（zhào）：始，开创。肇分：始分。

③厥（jué）：其，他的。

④太和：指天地间冲和之气。

⑤絪缊（yīn yūn）：亦作氤氲，形容烟或气很盛。古指天地阴阳二气交互作用的状态。

⑥金玉：指蛋黄蛋白。

⑦宣：宣示，此处是指蛋之里外，宣示刚柔相济之理。

⑧浑浑：混沌。

⑨母以子传：母传于子，即生命的母体一代一代地传下去。

⑩筵篿（zhuān）：古时楚地的一种占卜法。

【文意疏通】

天地未分之时，它的生命就不止息。天地间冲和之气交互作用，种种生命开始繁衍生长，有一种生物既不方也不圆，包括了像蛋黄蛋白一样的东西，阴阳特征一应俱全。蛋黄蛋白焕发出夺目的光彩，相互包裹缠绕着。外面是蛋壳，质地非常坚硬。里面暗藏着柔质。外刚内柔，宣示着刚柔相济之理。轻清之天和重浊之地还未分明之时，上天混混沌沌，没有头也没有脚。突然间生命从混沌中一跃形成。天地间充塞的宇宙之气秘密接受，于是母传于子，代代相传下去。住于郊野的人不认识，就请人来占卜。

【义理揭示】

当天地清浊未判之时，即开辟之前宇宙处于混沌状态，"天地混沌如鸡子"。这是中国古人对宇宙形成的理性看法，这种看法不承认宇宙神造说，也不承认宇宙自来说，即宇宙自然而然地存在。比起浩瀚的宇宙，天地混沌如鸡子，虽未说明其大小，但实质上清

浊未判，一片混沌，无大无小，无形无状，也就不存在时空概念。这也说明了中国古人始终在探究天地万物的起源。生命不息，思索不止。

十一　天地万物本吾一体

【原文选读】

　　夫人者，天地之心。天地万物本吾一体者也。生民之困苦荼毒，孰非疾痛之切于吾身者乎？不知吾身之疾痛，无是非之心者也。是非之心，不虑而知，不学而能，所谓良知也。良知之在人心，无间①于圣愚，天下古今之所同也。世之君子惟务致其良知，则自能公是非，同好恶，视人犹己，视国犹家，而以天地万物为一体。求天下无治不可得矣。古之人所以能见善不啻②若己出，见恶不啻若己入，视民之饥溺，犹己之饥溺，而一夫不获，若己推而纳诸沟中者。非故为是而以蕲③天下之信己也，务致其良知求自慊④而已矣。尧、舜、三王之圣，言而民莫不信者，致其良知而言之也。行而民莫不说者，致其良知而行之也。是以其民熙熙皞皞⑤，杀之不怨，利之不庸。施及蛮貊⑥，而凡有血气者莫不尊亲，为其良知之同也。呜呼！圣人之治天下，何其简且易哉！

（选自明·王阳明《传习录·译解》）

注释：

　　①间：区分，区别。

　　②不啻（chì）：如同。

　　③蕲（qí）：求。

④慊（qiàn）：亏欠。

⑤熙熙皞皞（xī xī hào hào）：和谐美满的样子。

⑥蛮貊（mán mò）：古代称南方和北方的落后部族。亦泛指四方落后部族。

【文意疏通】

　　人是天地之心。天地万物与"我"原本是一体的。百姓遭受的困苦荼毒，难道不是"我"身体上的切肤之痛吗？不知道自身的疼痛，是没有是非之心的人。是非之心，不须思虑就能知道，不须学习就能具备，这就是所谓的"良知"。良知存在于每个人的心中，圣人和愚人在这一点上是没有区别的，古今天下都是一样的。世上的君子，只在致良知上用力，就自然能公正地辨别是非，具有和公众相同的好恶。对待别人就像对待自己，对待国家就像对待家庭，从而与天地万物融为一体。做到这些，即便想让国家治理不好也难。古人看到善行不异于像自己做了好事，看到恶行不异于像自己做了坏事，将人民的饥饿困苦看成是自己的饥饿困苦，只要有一个人没有安顿好，就好像是自己把他推进了沟壑一样。这样做，并不是想以此来求取天下人的信任，而是务必要致自己的良知，力求此心没有亏欠而已。尧、舜、商汤、周文王、周武王这些圣人，他们所说的话人民没有不信任的，是因为他们所说的是源自于致良知的话；他们所做的人民没有不喜欢的，是因为他们所做的是源自于致良知的行。因此，他们统治下的人民和谐美满，犯了死罪的人即便被处死，人民也没有怨恨之心，人民获得了利益也酬谢有功的人。把这些教化施政推广到蛮夷地区，凡是有血气的人无不孝敬自己的父母，因为人的良知是相同的。唉！圣人治理天下，是何等简单且容易的事啊！

【义理揭示】

王阳明主张"良知"是天生的、人人具备的、不教自能的。他将人定位为"天地之心"，使人对万物负有了一种不可推卸的道德上的义务和责任。人不但不能凌驾于万物之上，而且还必须担负起维护万物生养的责任，用自己的爱心行动使万物各得其所，否则便是没有尽到责任。人在为自己确定了"天地之心"价值定位的同时，不是拥有了主宰万物的权力，而是承担起了自然万物的"主持者"的责任和义务，人作为万物之灵，其特殊性即在于此。

文化倾听

在中华文明几千年的传承过程中，人们对天地起源的认知和探索从来就没有停止过。古人对天地、自然万物起源的探索虽然是朴素的，有时甚至带有神话般的色彩，但是却体现出了中华民族的智慧和理性。一直以来，古人都为天地万物的起源而探索，为人与自然万物的和谐统一而努力。

古人对天地之原的探索，体现出中华民族智慧的一面。经过千百年持续不断的探索，古人找寻到了一些合理而又科学的人文准则，比如"天地君亲师"的次序。中华民族是懂得先后主次尊卑的民族。古人敢于把天地置于君亲之前，正是因为他们认识到了是大地滋养了世间万物，是自然化育了芸芸众生。千百年来，古人对天地的敬畏之心早已根植于中华民族的心灵深处，成为支撑中华民族认识世界、探究世界的智慧源泉。

古人对"天人合一"的思想认识是人类最重要的生态智慧。他们将"天"与"人"合而为一，肯定人是自然界的一部分，宣扬宇宙生命统一论；他们将"天道"与"人道"合一，坚持自然规律与道德法则的内在统一；他们认为"仁者以天地万物为一体"，提倡尊重生命价值，兼爱宇宙万物，把遵循自然规律、追求人与自然的和谐发展，作为最高的道德旨趣和人生理念，等等，不仅体现了人类最重要的生态智慧，今天读来仍然具有深刻的时代价值和启发意义。

自古以来，人们在对天地万物起源的探究方面始终保持着理性。即使在先秦神话传说中，中国古人也不认为宇宙是神创造的。这体现了他们对宇宙形成探究中的朴素而又理性的一面。许多古人对天地最初的景象都描述为"天地混沌如鸡子"。其实，在盘古开天辟地的传说中，蕴含了极为丰富而深刻的内涵，不仅有朴素的探究精神，也昭示着当今科学的理性。解读古人对天地万物起源的探索，不仅要读出古人向往光明、敢于为造福人类而不怕牺牲的民族精神，其中暗含的科学理想同样不可忽视。

今天，我们阅读古人对天地之原的探索，最重要的是要懂得他们的最终目的是追求人与天地自然的和谐统一。

法国哲学家施韦兹十分赞赏中国古人追求天人关系的和谐一致。施韦兹认为他们"强调人通过简单的思想建立与世界的精神关系，并在生活中证实与它合一的存在"，体现了人类最高的生态智慧，并且称赞它"伦理地肯定了世界和人生"，是"最丰富和无所不包的哲学"。

回想古人比较有影响力的言论，从庄子"天地与我并生，而万

第一章　天地之原

物与我为一"的齐物论，到程颢强调的"人与天地一物也"，再到朱熹的"中和在我，天人无间，而天地之所以位，万物之所以育，其不外是矣"，还有文化典籍中选取王阳明提出的"天地万物本吾一体者也"等等，一次次说明古人对天地之原的探究是为了寻求人与天地万物的和谐统一。尤其是王阳明提出的"天地万物本吾一体"论将人定位为"天地之心"，这就使人对万物负有了一种不可推卸的义务和责任。因此人不但不能凌驾于万物之上，而且还必须担负起维护万物生养的责任。人居于自然万物的中心，不是说因此就拥有了主宰自然万物的权力，而是要承担起自然万物的"主持者"的责任和义务，要通过自己的努力达成天地万物之间的和谐共处。

《易经》有云："至哉坤元，万物资生，乃顺承天。坤厚载物，德合无疆。"虽然只有寥寥数语，却让我们感受到了大地生生不息的力量，大地包容一切的美德。古人虽然没有具体说明天地万物之间的规律是什么，但是他们却从哲学的层面指出了世间万物都有其自身的规律。既然是天地孕育了自然万物，既然天地之间有其固有的规律，那么，人与天地自然万物之间就必须按照天地自然固有的法则和谐相处，而不能刻意为了所谓的人的发展而破坏天地之间的法则。因而人们要顺其自然，追求自然万物之间的和谐统一。从哲学的深远作用来看，似乎这样的认识对人的意识行为指导意义更大。

"青青子衿"传统文化书系
天地化育

文化传递

对天地万物进行不懈探索追求的，有献身事业的科研人员，也有普普通通的平民百姓。他们用自己的实际行动探索天地万物的起源，用自己的努力去践行人与自然的和谐共处。张正祥就是一个用自己的生命去保护滇池的卫士。

张正祥深爱着他的滇池。他对滇池朴素的爱不允许任何人以任何方式玷污他心中的圣地。20世纪九十年代以后，随着当地经济建设的加快发展，滇池也开始遭受各种污染。张正祥清楚地知道，大规模地毁林开矿、取土采砂，势必会造成污染物淤积、破坏水源地、蓝藻暴发等一系列严重后果。

为了阻止在滇池边上采矿，张正祥开始了他的滇池保卫战。他每周绕滇池走一圈，一圈就是126千米。他一共走了1000多圈。他把采石场破坏环境的场面拍成照片，向有关部门进行反映。在那段时间里，张正祥每天的工作就是在滇池边巡查、拍摄、写材料、反映情况。在过去的30多年里，张正祥花光了家里所有的积蓄，卖了养猪场。妻子无法忍受，离他而去。他的子女也经常受到不明身份的人的恐吓，小儿子因此患上了精神分裂症。张正祥自己更是经常遭到毒打。2002年深秋，当张正祥去一家私挖私采的矿场拍照取证时，矿主的保镖开着车向他直冲过来，张正祥当下晕倒在地。两个小时后，一场大雨才把他浇醒。

他用牺牲整个家庭的惨重代价，换来了滇池自然保护区内33个大、中型开矿、采石场和所有采砂取土点的封停。随着全社会对环保问题的日益重视,随着国家环保工作力度的不断加大,张正祥保护滇池的事迹得到社会越来越多的关注,媒体也纷纷进行了报道。与此同时,在滇池边非法开矿带来的危害和治理保护滇池环境的重要性,也日益成为人们的共识。

更让张正祥兴奋的是,2006年昆明市政府出台了《滇池水污染防治"十一五"规划》等治理滇池的方案,按照规划,2008年至2020年间,中央和云南当地政府对滇池治理的投入将突破800亿元,滇池的治理将迎来一个崭新阶段。

这些年张正祥记不清究竟因一己之力告倒了多少"老板""贪官",更记不清又有多少人因他越来越大的名气找到他。他成了正义的化身、"毫不妥协"的样本,很多案件通过他的奔走得到有效解决。那些慢慢积累的荣誉,如2005年中国十大民间环保杰出人物、2007年"昆明好人"、2009年感动中国人物、2010年《南方人物周刊》中国魅力50人等,既不断地使更多的人了解了他,更给了他继续战斗下去的力量。

他一直在"战斗",也一直在"一个人战斗"。如今的张正祥每每回头,身后依然空空荡荡,"没人跟上来,没人愿意像我这样战斗,更没人愿意过我这样的生活!""滇池保卫战"艰辛无比,张正祥既不向利益集团妥协,也不惮于和政府的不当行为叫板。他不怕别人骂他"拎不清"、神经病,不怕威胁和收买。

他本人已做好生命不息、战斗不止的准备,但当他停下脚步,滇池的环保又将面临什么样的困境和威胁?这些年,人们的环保意识明显提高,但各种利益集团的博弈也在升级,滇池乃至全国各地的环保工作依然不容乐观、刻不容缓。为此,63岁的农民张正祥仍将带着他失明的右眼、残疾的右腿四处奔走,继续战斗。

文化感悟

1. 在众多的选文中,你最喜欢哪一篇?为什么?

2. 进入21世纪,基督教仍然是世界上最大的宗教,第二大宗教伊斯兰教则成为世界上教徒增长最快的宗教。基督教中的上帝耶稣和伊斯兰教中的真主安拉是他们各自信奉的"神"。而中国古代对世界起源的认识却与之不同。上古神话对天地起源的认识反映了古人怎样的宇宙观?对今天我们社会的发展有何启示?

3. 品读完上述文化典籍后,你对天地之原有什么看法?

第二章　太初之道

文化典籍

一　一阴一阳之谓道

【原文选读】

　　一阴一阳之谓道，继①之者善也，成②者性也。仁者见之③谓之仁，知④者见之谓之知，百姓日用而不知。故君子之道鲜⑤矣。

（选自《周易·系辞上》）

注释：

①继：不中断，承继。

②成：生成，完成。

③之：指阴阳化生万物之理。

④知（zhì）：通"智"，智慧。

⑤鲜（xiǎn）：少，少为人知。

【文意疏通】

　　一阴一阳相互交替与作用就是道，承继着道而发展万物的，乃是生的至善大德，而生的完成，就是人性的建立。由于这个道作用广大，因此仁者只见到仁的一面，智者只见到智的一面，百姓虽然每日的生活都不离阴阳之道，却很少能认知道的体性。所以君子所追求的道是很少为人所知的！

【义理揭示】

　　宇宙万物的产生，根源在于"道"，即阴与阳的交替作用。道的变化是无穷无尽的，道也无所不在，却难以把握，只有圣人君子才能完全领悟。这些抽象的议论都在表达一种宇宙观：世间万物相反却也相成，整个宇宙就是由相反的力量相互作用调和而成的。

二　天地之道

【原文选读】

　　天地之道，可一言①而尽也：其为物不贰②，则其生物不测。天地之道：博也，厚也，高也，明也，悠也，久也。今夫天，斯昭昭③之多，及其无穷也，日月星辰系焉，万物覆焉。今夫地，一撮土之多，及其广厚，载华岳④而不重，振⑤河海而不泄，万物载焉。今夫山，一拳石⑥之多，及其广大，草木生焉，禽兽居之，宝藏兴焉。今夫水，一勺之多，及其不测⑦，鼋鼍⑧蛟龙鱼鳖生焉，货财殖焉。《诗》云⑨："维天之命，于穆不已。"盖曰天之所以为天也。"於乎不显，文王之德之纯！"盖曰文王之所以为文也，纯亦不已。

（选自《礼记·中庸》）

注释：

①一言：即一字，这里指"诚"。

②不贰：即忠诚如一。

③昭昭（zhāo zhāo）：光明的样子。

④华岳：即华山。

⑤振：通"整"，整治，引申为约束。

⑥一拳石：一拳头大的石头。

⑦不测：不可测度，指浩瀚无涯。

⑧鼋鼍（yuán tuó）：是指巨鳖和猪婆龙（扬子鳄）。

⑨《诗》云：以下两句诗均引自《诗经·周颂·维天之命》。维：语气词。穆：深远。不已：无穷。不：通"丕"，即大。显：明显。

【文意疏通】

天地的法则，可以用一个"诚"字来囊括：诚本身专一不二，所以生育万物多得不可估量。天地的法则，就是广博、深厚、高大、光明、悠远、长久。今天我们所说的天，原本不过是由一点一点的光明聚积起来的，可等到它无边无际时，日月星辰都靠它维系，世界万物都靠它覆盖。今天我们所说的地，原本不过是由一撮土一撮土聚积起来的，可等到它广博深厚时，承载像华山那样的崇山峻岭也不觉得重，容纳那众多的江河湖海也不会泄漏，世间万物都由它承载了。今天我们所说的山，原本不过是由拳头大的石块聚积起来的，可等到它高大无比时，草木在这里生长，禽兽在这里居住，宝藏在这里储藏。今天我们所说的水，原本不过是一勺一勺聚积起来的，可等到它浩瀚无涯时，蛟龙鱼鳖等都在这里生长，珍珠珊瑚等在这里繁殖形成。《诗经》写道："大自然形成的奥秘，是认真严肃地对付一件事而运转不息的。"这大概就是天之所以为天的原因吧。"多么显赫光明啊，文王的品德纯真无二！"这大概就是文王之所以被称为"文"王的原因吧。纯真也是没有止息的。

【义理揭示】

　　古人在探索天地山水的形成之中，看到了真诚、专一不二的价值。儒家便将"诚"作为修身的要求。追求"诚"不仅不能停止，还要显露发扬出来，达到悠远长久、广博深厚、高大光明，从而承载万物，覆盖万物，生成万物，这正是天地的法则。也就是通过对"诚"的追求而达到与天地并列的终极目的。

　　这种哲学在过去的时代一直是天经地义、不容置疑的正统。然而在追求高效率、高利益的今天，这种哲学、追求却受到挑战，甚至被部分亟亟于名利的人所舍弃。与天地比肩的巨人可以不做，但对待人、事的"诚"是否可以不要了呢？这已经成为摆在时代面前的一个严峻问题！

三　大哉圣人之道

【原文选读】

　　大哉圣人之道！洋洋①乎！发育万物，峻极于天。优优②大哉！礼仪③三百，威仪④三千。待其人⑤而后行。故曰苟不至德⑥，至道不凝⑦焉。故君子尊德性而道问学⑧，致广大而尽精微，极高明而道中庸。温故而知新，敦厚以崇礼。是故居上不骄，为下不倍⑨。国有道其言足以兴，国无道其默足以容⑩。《诗》曰："既明且哲⑪，以保其身。"其此之谓与？

（选自《礼记·中庸》）

注释：

①洋洋：盛大，浩瀚无边的样子。

②优优：充足有余。

③礼仪：古代礼节的主要规则，又称经礼。

④威仪：古代典礼中的动作规范及待人接物的礼节，又称曲礼。

⑤其人：这里指圣人。

⑥苟不至德：如果没有极高的德行。苟：如果。

⑦凝：聚，这里引申为成功。

⑧问学：询问，学习。

⑨倍：通"背"，背弃，背叛。

⑩容：容身，指保全自己。

⑪哲：智慧，指通达事理。

【文意疏通】

圣人之道伟大啊！它浩瀚无边！它生养万物，与天一样崇高！它养育万物，充足有余。礼仪三百条，威仪三千条。这些都有待于圣人来实行。所以说，如果没有极高的德行，就不能修养成极高的道。因此，君子尊崇道德修养而追求知识学问，达到广博境界而又钻研精微之处，洞察一切而又奉行中庸之道，温习已有的知识从而获得新知识，诚心诚意地崇奉礼节。所以身居高位不骄傲，身居低位不自弃。国家政治清明时，他的言论足以振兴国家；国家政治黑暗时，他的沉默足以保全自己。《诗经》说："既明智又通达事理，可以保全自身。"说的大概就是这个意思吧！

【义理揭示】

圣人之道便是儒家所推崇的中庸之道。朱熹对"中庸"的解释是:"中者,不偏不倚,无过不及之名。庸,平常也。"也就是说,人生行事应该把握一个"度",既不过分,也无不及,不偏激,不走极端,要"恰如其分""恰到好处"。正如孔子教导他的弟子:"聪明睿智,守之以愚;功被天下,守之以让;勇力振世,守之以怯;富有四海,守之以谦,此所谓挹之又损之道也。"如何使已达到"满"的状态的事业人生不倾覆,那只有用谦抑再加谦抑的方法来中和这种"满",以保持人生事业的顶峰状态。这是中庸之道在指导世事人生的具体体现,其效力可见一斑!

然而没有极高的德行,就不能成就圣人之道,所以君子应该在道德修养和知识学问上不懈探索,以期更加接近圣人之道。这样便能"居上不骄,为下不倍",身居高位不骄傲,身居低位不自弃。至于"国有道其言足以兴,国无道其默足以容"的态度,则是对于现实政治的一种处置,一种适应,也就是一种安身立命、进退仕途的艺术。

四 道生万物

【原文选读】

道生一①,一生二②,二生三③,三生万物。万物负阴而抱阳④,冲气以为和⑤。

(选自《老子·第四十二章》)

注释：

①一：即太一，太极，是阴阳未分的统一体。

②二：指阴、阳二气。

③三：即由阴阳二气交合而形成的一种和谐状态。

④负：背。阴：阴气。抱：在前面，在胸前。

⑤冲：冲突、交融。这句话的意思是阴阳二气互相冲突交和而成为均匀和谐状态。

【文意疏通】

道是独一无二的，道本身产生阴阳二气，阴阳二气相交而形成一种和谐的状态，在这种状态中就产生了万物。万物背阴而向阳，并且在阴阳二气的互相激荡下而形成新的和谐体。

【义理揭示】

老子通过对自然万物的观察，以及自己的哲理性思考，向我们解释了宇宙万物的产生。宇宙万物的总根源是"混而为一"的"道"。对于千姿百态的万物而言，"道"是独一无二的。"道生一，一生二，二生三，三生万物。"这句话妇孺皆知。其中，"一""二""三"这几个数字，并不表明具体的事物和具体的数量。它们只是表示"道"生万物从少到多，从简单到复杂的一个过程。

五 道常无为而无不为

【原文选读】

道常无为而无不为①。侯王若能守之②，万物将自化③。化而欲作④，吾将镇之以无名之朴⑤，镇之以无名之朴，夫将不欲⑥。不欲以静，天下将自定⑦。

（选自《老子·第三十七章》）

注释：

①无为：顺其自然，不妄为。无不为：没有一件事是它所不能做的，是"无为"产生的效果。

②守之：守道。

③自化：自己成长变化，指自然而然地达到和谐安定的状态。

④欲：贪欲，私欲。作：出现，兴起。

⑤无名之朴：道的质朴。无名：在这里代指"道"。朴：质朴。

⑥欲：欲望。

⑦自定：自然安定。

【文意疏通】

道永远是顺其自然而无所作为的，却又没有什么事情是它所不能做的。侯王如果能按照"道"的原则为政治民，万事万物就会自己成长变化。如果自生自长而产生贪欲时，我就要用"道"的质朴来镇服它。用"道"的质朴来镇服它，就不会产生贪欲之心了。万事万物没有贪欲，心性就能平静，天下也将自然达到安定。

【义理揭示】

永恒的大道始终无为，但是却取得了无所不为的成果。大道运行没有轨道误差和时间误差，具有永恒的客观规律性。正是这至诚不移的客观规律性，才孕育化生出天地万物，取得无所不为的成果。

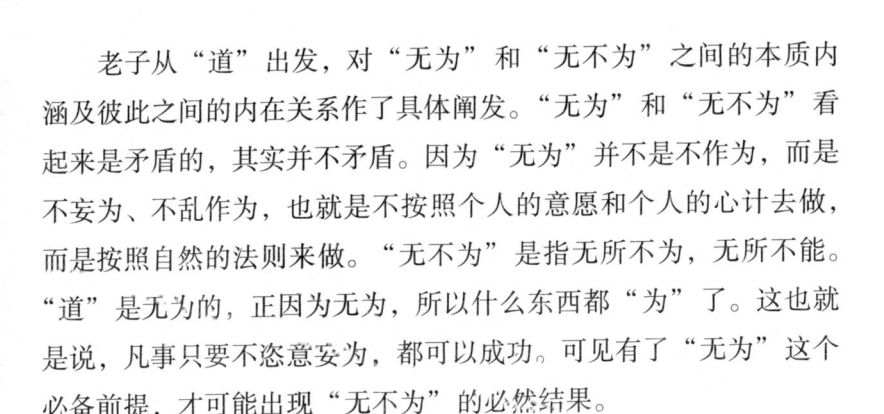

老子从"道"出发，对"无为"和"无不为"之间的本质内涵及彼此之间的内在关系作了具体阐发。"无为"和"无不为"看起来是矛盾的，其实并不矛盾。因为"无为"并不是不作为，而是不妄为、不乱作为，也就是不按照个人的意愿和个人的心计去做，而是按照自然的法则来做。"无不为"是指无所不为，无所不能。"道"是无为的，正因为无为，所以什么东西都"为"了。这也就是说，凡事只要不恣意妄为，都可以成功。可见有了"无为"这个必备前提，才可能出现"无不为"的必然结果。

六　执古之道

【原文选读】

视而不见名曰夷①，听之不闻名曰希②，搏③之不得名曰微④。此三者不可致诘⑤，故混而为一。其上不皦⑥，其下不昧⑦，绳绳⑧不可名，复归于无物。是谓无状之状，无物之象，是谓惚恍⑨。迎之不见其首，随之不见其后。执古之道，以御今之有⑩。能知古始，是谓道纪。

（选自《老子·第十四章》）

注释：

①夷：无象。

②希：无声。

③搏：接触。

④微：无形。以上夷、希、微三个名词都是用来形容人的感官无法把握住"道"。这三个名词都是幽而不显的意思。

⑤致诘（jié）：追问明了。

⑥皦（jiǎo）：清晰光明之意。

⑦昧（mèi）：阴暗。

⑧绳绳：不清楚、纷纭不绝。

⑨惚恍：若有若无，没有固定形象。

⑩有：指具体事务。

【文意疏通】

看它却看不见叫作夷，听它却听不到叫作希，摸它却摸不着叫作微。这三者无从进一步探究，这道的三个方面——视、闻、触是浑然一体的。从上面看它并不明亮，从下面看它也不阴暗，它绵绵不绝，千变万化，无法形容它的音容，它最终会回到无形无象的状态。这就叫作没有形状的形状，没有形象的形象，也就是所谓的惚恍。看道，面对着它看，看不见它的头；跟着道，从后面看，看不见它的背。把握住自古以来就有的道，用来驾驭现实中的事物。能知道这亘古以来就存在的道，也就是认识"道"的规律了。

【义理揭示】

老子提出"道"这一哲学概念是抽象的客观自然规律。因此它不同于一般可视、可闻、可感、可触的具体事物。它看不见、听不到、摸不着、抓不住，但无形的道却支配着一切有形的事物。依据道的这种特性，是没有办法对其进行深入的探讨的。唯一的办法是从古代人类的实践经验中去体味"道"的功能和作用——"执古之道，以御今之有"；从历史经验中思考道的存在和功能，用以解决我们面临的问题，并且预测万物万事今后的发展趋势。如果能做到这一点,即"能知古始,是谓道纪",就掌握了客观世界的不以人的意志为转移的规律。

七 道之所言者一

【原文选读】

　　道之所言者一也,而用之者异。有闻①道而好为②家者,一家之人也;有闻道而好为乡者,一乡之人也;有闻道而好为国③者,一国之人也;有闻道而好为天下者,天下之人也;有闻道而好定万物者,天下之配④也。道往者,其人莫来;道来者,其人莫往。道之所设⑤,身之化也。持满者与⑥天,安危者与人。失天之度,虽满必涸;上下不和,虽安必危。欲王天下,而失天之道,天下不可得而王也。得天之道,其事若自然;失天之道,虽立不安。其道既得,莫知其为之;其功既成,莫知其释⑦之。藏之无形,天之道也。疑今者,察之古;不知来者,视之往。万事之生⑧也,异趣⑨而同归,古今一也。

(选自春秋·管仲《管子·形势第二》)

注释:

　　①闻:知道、懂得。

　　②为(wéi):治理。

　　③国:这里指诸侯国。

　　④配:匹敌,相当。此处指与天地相等同。

　　⑤设:陈列,设置。

　　⑥与:跟随,顺从。

⑦释：消散。

⑧生：通"性"，本性。

⑨趣（qū）：奔向，奔赴。

【文意疏通】

关于"道"，它的理论是一致的，但运用起来都各有不同。有的人懂得道而能治家，他便是治家的人才；有的人懂得道而能治乡，他便是一乡的人才；有的人懂得道而能治国，他便是一国的人才；有的人懂得道而能治天下，他便是天下的人才；有的人懂得道而能使万物各得其所，那便和天地一样伟大了。失道者，人民不肯来投；得道者，人民不肯离去。道所在的地方，自身就应该与之化而为一。凡是始终保持强盛的，就因为顺从天道；凡是能转危为安的，就因为顺从人心。违背天的法则，虽然暂时丰满，最终必然枯竭；上下不和，虽然暂时安定，最终也必然危亡。想要统一天下而违背天道，天下就不可能被他统一起来。掌握了天道，成事就很自然；违背了天道，虽然成功也不能保持。已经得道的，往往不觉察自己是怎样做的；已经成功了，往往又不觉察道是怎样离开的。就好像隐藏起来而没有形体，这就是"天道"。当今有所怀疑则可以考察古代，对未来还不了解，则可以查阅历史。万事的本性、内容虽有不同，但总是同归一理，从古到今都是一样的。

【义理揭示】

在这一篇中我们看到"道"的理论主要被用于家事、国事的处理上，尤指在治国、平天下中所能起到的巨大作用。"道"无形无状，来去无踪，无法感知，但却可以体悟顺从。统治者只有顺应天

道，才能使百姓归附，使个人的成功和国家的强盛保持下去；一旦偏离天道，即便已经强盛的国家也难免会陷于危难最终归于灭亡。此番"道"可以通过探查历史来加以体悟，它应当涵盖自然、社会、人生等人类活动触及的一切范畴。

在今天，《管子》中的"道"依然有着警世和指导我们行事的意义。环境日益恶化、官员纷纷落马，这其中肯定有着违背"天道"的原因！而正在读书的我们不管成绩是优或劣，令你满意或失望，这其中"道"的因素，你探究过吗？

八 古之道术有在于是者

【原文选读】

芴①漠无形，变化无常②，死与生与③？天地并与④？神明⑤往与！芒乎何之，忽乎何适⑥？万物毕罗⑦，莫足以归，古之道术有在于是者。周闻其风而悦之。以谬悠⑧之说，荒唐⑨之言，无端崖之辞，时恣纵而不傥⑩，不以觭见之也⑪。以天下为沉浊，不可与庄语⑫，以卮言为曼衍⑬，以重言⑭为真，以寓言⑮为广，独与天地精神往来，而不敖倪⑯于万物，不谴是非，以与世俗处。

（选自战国·庄周《庄子·天下》）

注释：

①芴（wù）漠：空虚广漠的道体。芴：通"惚"，指道体而言。

②常：固定的。

③与：通"欤"，呢。

④天地并与：天地与我并生。

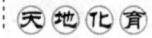

⑤神明：指人的精神和智慧。

⑥芒乎何之，忽乎何适：恍恍惚惚到哪里去。之：到。适：到。

⑦万物毕罗：包罗万物。毕：全。

⑧谬悠：虚远，不可思议。谬：通"缪"。

⑨荒唐：虚诞，夸大。

⑩恣纵：无拘碍，恣意发挥。不傥（tǎng）：不偏执一端。

⑪不以觭（jī）见之也：不持一端之见，不偏不倚。

⑫庄语：庄重的话。

⑬卮（zhī）言：无心的言论。曼衍：委曲遂顺，不拘常规。

⑭重言：借重古代先哲或当代名人的话来压抑时论。

⑮寓言：寄寓的言论。

⑯敖倪（áo nì）：即"傲睨"，轻视。

【文意疏通】

天地之初，空虚寂静，没有形象，万物既生，千变万化，没有固定。是死亡的呢？还是生存的呢？天地与我是不是并立的呢？人的精神和智慧是不是运动的呢？恍恍惚惚的，究竟要到哪里去呢？万物无所不包，总也找不到个归宿。古代的道术就隐藏在这里面。庄周听到这种风尚，会感到喜欢。他用虚诞悠远的学说、广大空廓的言论，没头没脑、没边没缘的词句来说教。他高谈阔论而不直言了当，无拘无束而不偏执一端。他以为天下都是沉溺混浊的，不可以和他们谈正面的话；所以用荒唐的话来推广事理，用哲人、名人的话来证实事理，用别有寄托的话来寄寓事理。独自和天地、精神相往来，而不傲视万物，不谴责是非，和世俗一同居住。

【义理揭示】

在庄子看来,"道术"区别于各家各派学说的"方术",它只能被天人、圣人、神人、至人掌握。"道"的本体寂寞无形;"道"的表现变化无常;"道"可以演化为生死的转化;"道"与天地并存;"道"以神明为踪迹。"道"的这些特性使得"道"很难用直白准确的语言加以传播、推广,所以庄子借"卮言""重言""寓言"来阐释"道"的真谛。但是,修道并不是要远离世俗,而是生于世俗中,却能保持一种平淡、平和的心境:不大喜亦不大悲,不自傲亦不自贱,以心灵畅游开阔的天地,获得精神上的自足。这是获得幸福快乐的法门,也是修心养生的正途。

九 天地间非形即气

【原文选读】

天地间非形即气①,非气即形,杂于形与气之间者,水火是也。由气而化形,形复返于气,百姓日习②而不知也。气聚而不复化形者,日月是也。形成而不复化气者,土石是也。气从数万里而坠,经历埃盖奇候,融结而为形者,星陨为石是也。气从数百仞③而坠,化为形而不能固者,雨雹是也。初由气化形人见之,卒④由形化气人不见者,草木与生人、禽兽、虫鱼之类是也。

(选自明·宋应星《论气·形气化》)

注释:

①气:指元气。

②习:熟悉。

③仞(rèn):长度单位,古时以八尺或七尺为一仞。

④卒：最终。

【文意疏通】

充斥在天地之间的不是形象就是元气，不是元气就是形象。夹杂在形象和元气之间的，是水与火两种事物。由元气转化为形象，再由形象转化为元气，这样的变化，百姓每天都在接触着，却并不了解。元气聚集却不再转化为形象，日月就是这样。形象已成，却不再转化为元气，土石就是这样。元气从几万里的高空坠下，融合凝结为形象，这就是天星坠落所结成的陨石。元气从几百仞的空中坠下，转化为形象却不能稳固的，雨水和冰雹就是这样。起初由元气转化为人们都看得见的形象，最终又由形象转化为人们看不见的元气，草木、人类、禽兽、虫鱼一切有生命的事物就是这样。

【义理揭示】

宋应星提出有关万物本原及本质的"形气论"，其实是唯物主义的一元论。他认为"盈天地皆气也"，而且这种气"把之无质，即之有象，遍满阎浮界中"，即充满宇宙之中。他认为宇宙中各种物质都是由"气"变化而来，"气"是一切物质的本原。在科技还没发达到可以凭借仪器来观察微观世界的时候，古人只能靠观察自然演变和自己的逻辑推理、丰富的想象，来尝试着认识这个世界。宋应星所得出的结论与今天物质世界由微小粒子构成的结论有着惊人的相似，我们不得不再次惊叹于我们祖先的智慧！

十 万事皆有当然之则

【原文选读】

万物皆有固然①之用，万事皆有当然之则，所谓理②也。乃此理也，惟人之所可必知，所可必行，非人之所不能知、不能行，而别有理也。

(选自清·王夫之《四书训义·卷八》)

注释：

①固然：本来就具有的。

②理：规律。

【文意疏通】

世间万物都有其本来就具有的职能、功用，世间万事都要遵循本应具有的规范秩序，这就是所说的从宇宙自然进而到人类社会都要遵从的规律。这规律，是人们可以认识且必须遵行的；不是人们不能知道无法遵行、无法认知的虚无之理。

【义理揭示】

王夫之将自然之法引用到人类社会，解释为人类社会生活、社会实践活动所不可或缺的规范与秩序。王夫之认定人类历史的发展过程是一个有规律的客观过程，他甚至从大量历史史实的综合研究中制定了一个标志历史事件发展的必然趋势和客观过程的范畴"势"，试图深入地揭示历史运动过程的必然性。王夫之的这种朴素的历史唯物主义观点超出了宋元明时期朱熹等其他思想家，成为他思想中的精华。

文化倾听

太初之道是古人对天地万物之间固有法则的规律性认知。太初之道来源于宇宙万物，是人们应该遵守的规律。古人对天地法则虽各有自己的看法和主张，但是在对自然万物间规律的探索和认识上则大体一致。儒家先贤认为太初之道"发育万物"，并且承载万物，是天地自然有序存在的法则。道家先哲提出"无为"，认为崇尚自然才是太初之道的核心。杂家则认为太初之道虽源自天地自然，但是又不仅仅适用于自然界，在家事、国事、军事、农事等各个方面都存有广泛的适用性。这是古代贤哲在探索天地万物间规律的过程中展现出来的智慧。

古人对太初之道的探求是为了找寻宇宙万物间固有的规律，进而根据自然规律为人类服务。从宇宙万物产生之始，自然规律就蕴含其中。古人就是在与天地自然的相处中逐渐探究并积累下宝贵的经验，从而形成了自己最初的认识。

单从对水的探知来看，孔子从中看到了时间的流逝，孟子得出了"盈科而后进"的启示，老子悟出了不争的道理，管仲从中读出了容纳，孙子据此看出了战争取胜之道，魏征则提示李世民"载舟覆舟，所宜深慎"。这些都是从水中悟出的道理，但是又具有广泛的适用性。在现实生活中，自然万物都离不开水，但是水又会给人类带来灾难。如何充分利用水为民谋利，自古以来一直就是人们不懈探究的一个话题。禹根据水自高向低流的特点"疏顺导滞",把洪水引入疏通的河道,然后合通四海,从而平息了水患,被人们称为"神禹"而传颂后世。李冰父子修建都江堰让成都平原成为"天府之国",时至今日虽历经千年仍泽被后世。三峡大坝更是根据三峡的自然特点人工修建的大手笔。这些都是通过对太初之道的探究并充分利用自然规律为百姓谋求福利的典范。

古人对太初之道的探求体现了中华民族的勇敢和智慧。古人对太初之道的探求是朴素的,充满困难。现在我们从书本、借助传统经验可以极为轻松地就懂得的道理在古代不知道要我们的祖先付出多少艰辛。作为中国三大"国粹"之一的中医足以说明这一点。面对千差万别的自然万物,如何知道它有什么效用?别无他途,只有尝试!据《淮南子·修务训》记载:"神农尝百草之滋味,水泉之甘苦,令民知所辟就,当此之时,一日而遇七十毒。"由此可见古人之胆魄。鲁迅曾经说过,第一个吃螃蟹的是英雄。古人对太初之道的探究,体现出来的更是中华民族英雄般的勇气和魄力。

中华民族文化主要属于农耕文化,它更注重从天地万物间找寻规律并利用规律行事。我们的先人从自然变化中逐渐认识到变化的规律,并代代相传生生不息。他们根据日月运行规律和天气万物变化规律制定了沿用至今的节气和历法。他们对自然规律的探寻和总结充分体现出中华民族的智慧。"黄帝使羲和占日、常仪占月,臾区占星气,伶伦造律吕,大挠作甲子,隶首作算数,容成综此六术而著调历也。"古人对天文学的探究虽然朴素,甚至有时只是凭肉眼观测,但他们仍然给我们留下了宝贵的财富。

古人对太初之道的孜孜求索逐渐影响并最终形成了中华民族博大精深的文化传统。古人对太初之道的认识是不断改变并逐渐积累起来的。人是社会化的人，从一开始就生活在一定的社会共同体中。最初生活在氏族部落中，要生存必须适应部落与周边世界，按照当时的规则行事。由此，古人学会了包容，学会了和谐共处。其实，自然中的太初之道就是包容万物，和谐共存。人们把这包容、和谐的原则承续下来就逐渐形成了中华民族的文化传统。"海纳百川，有容乃大。"中华民族不断纳细川于巨流，因此始终保持着强大的生命力，流传至今。正是因为"对于外来文化，亦能包容吸收，而初不为其动摇变更"（梁漱溟《中国文化要义》），"和平共处五项原则"更是中华民族文化传统在处理国际事务中的完美体现。

中华民族是极富想象力和创造性的民族。对太初之道的探究就是对宇宙真理和人生意义的探求，也体现了中国人对美好幸福生活的追求和向往。当然，对宇宙万物间规律的认知不会停滞，我们还会继续探究下去。

文化传递

他敢怒敢言坚守知识分子的气节，他带头号召教职员工学习新思想，树立为人民服务的观念，他热烈拥抱社会甚至热烈拥抱政治，但也敢于对学习毛泽东思想中的个人崇拜和迷信坦率陈词，他针对中国的现实提出了"新人口论"。他就是"宁鸣而死，不默而生"的马寅初。

马寅初是北大校史上能够与蔡元培齐名的校长。即使是在万马齐喑的年代，他也敢怒敢言敢坚守。胡适曾经这样评价马寅初：宁

鸣而死，不默而生。

新中国成立后，马寅初应周恩来的邀请积极参政议政，先后出任华东军政委员会副主席、中央人民政府政务院财政经济委员会副主任等职。面对新中国的新形势，马寅初积极倡导学习新思想。

50年代中期，由于国民经济的恢复和发展，人民生活有了显著改善，人口死亡率下降，自然增长率激增。就在大多数人还没有注意到人口问题时，马寅初在1957年7月召开的第一届全国人民代表大会第四次会议上，率先提出了一个关于节制人口问题的提案，这就是所谓的"新人口论"。

马寅初提出我们有计划经济，也应该有计划生育。马寅初提出了三点非常具体的建议，即要确定我国的人口政策，宣传节制生育和晚婚的好处，控制人口增长。"新人口论"的基本观点就是要通过控制人口发展，进一步提高人民的物质、文化生活水平。但是，此后不久原本赞同人口"计划生产"的毛泽东却突然改变立场，将以马寅初为代表的人口学者推向了政治祭坛。从此，解决中国的社会问题，靠革命还是靠节育，已不再是一个单纯的学术判断，而成为一个敏感的政治问题。

经过30多年的社会实践，马寅初"新人口论"的观点被证明是正确的，许多主张是可行的，直到今天，它对于我们研究人口理论、推行计划生育、控制人口增长、促进四个现代化建设，仍然具有重要的参考作用。对此，顾宝昌教授感慨地说："对人口问题的认识需要一个过程，你认识得越晚，积累的问题就越严重，付出的代价就越大。马寅初和那些社会学家当初已经预见人口激增将要出现的问题，提出了建议和对策，但是社会不接受，等到要面对的时候已经太晚了。"

马寅初还是著名的教育家，他在教育园地辛勤耕耘了60多年，桃李满天下。1951年，他在北大率先向全国高教界发起"改造思想、改造高等教育"的学习运动。他热心于教育事业，一再强调办教育要"学习新思想，确立为人民服务的立场"，"全体师生只有在共同的政治思想基础上，才能团结无间，精诚互助，培养出切合实际要求的专门技术人才"。他维护中国共产党对教育工作的领导，对那种不要党领导的错误思潮曾据理批驳。当再一次出任北京大学名誉校长时，他说："具有光荣传统的北京大学，今后要在中国共产党的领导下，为实现四化作出新贡献。"

当"新人口论"和"团团转理论"被批判之时，马寅初没有畏缩低头。他曾说："我虽年近八十，明知寡不敌众，自当单枪匹马，出来应战，直至战死为止，决不向专以力压服不以理说服的那种批判者们投降。"这都源自他对天地间规律性的认知和对太初之道的自信。

文化感悟

1. 古人对太初之道的探求体现出了什么精神？
2. 改革开放之初，部分地方政府为了追求经济的快速发展鼓励并过多依赖粗放型经济的发展。因而，带来了高能耗、高污染等破坏生态环境甚至危害百姓健康的负面影响。面对这一现实，人们逐渐觉醒，生态保护、人与自然和谐相处等认识深入人心。请结合本章中古人相关的言论谈谈你对当今社会发展的认识。

第三章　赤子之心

文化典籍

一　天地不仁

【原文选读】

天地不仁①，以万物为刍狗②；圣人不仁，以百姓为刍狗。天地之间，其犹橐龠③乎？虚而不屈④，动而愈出。多言数穷⑤，不若守中⑥。

(选自《老子·第五章》)

注释：

①天地不仁：天地没有私心偏爱。仁：这里指有私心的偏爱。

②刍（chú）狗：古代用草扎成的狗。古代专用于祭祀中，祭祀完毕，就把它扔掉或烧掉，无顾惜之意。这里指轻贱无用的东西。

③橐龠（tuó yuè）：古代冶炼时为炉火鼓风用的助燃器具袋囊和送风管，是古代的风箱。

④屈：竭尽，穷尽。

⑤多言：这里指政令繁苛。数（sù）：通"速"，加快。穷：穷尽到头，无路可行。

⑥中：指内心的虚静。守中：守住虚静。

【文意疏通】

　　天地没有偏爱私心，对待万事万物就像对待刍狗一样。圣人也是没有偏爱私心的，对待百姓也同样像对待刍狗那样。

　　天地之间，岂不像个大风箱一样吗？它空虚而不枯竭，越是抽动，它的风量就越多。

　　政令繁苛反而会更加使人困惑，无所适从，所以不如持守虚静中正之道。

【义理揭示】

　　老子从天地出发，自然而然地推广到为政者也要清静无为，主张不应该把太多的主观意愿强加于他人。既然天地没有丝毫偏爱、没有任何私心，圣人治理国家也不能有任何偏爱和私心，而应该不偏不倚，公正地对待世间万物。这其实就是老子主张的"赤子之心"。因为对待万事万物都像对待刍狗一样，百姓之间才能够平安相处，免除祸害，社会才能相安无事。在现实生活中，能够坚守"赤子之心"以公正的态度对待自然万物，以无知、无欲、无求的心态去感受世间万物，才能达到物我同一的状态，才能真正体会天地自然之美。

二 以百姓之心为心

【原文选读】

圣人常①无心，以百姓之心为心。善者，吾善之；不善者，吾亦善之，德②善。信者，吾信之；不信者，吾亦信之，德信。圣人在天下，歙歙③焉为天下浑其心④，百姓皆注⑤其耳目，圣人皆孩之⑥。

(选自《老子·第四十九章》)

注释：

①常：与"恒"意思相同，固定不变。
②德：通"得"，品德。
③歙(xī)：通"翕"，收敛，谨慎。
④浑其心：使人心思化归于浑朴纯真。浑：混沌。
⑤注：专注。
⑥孩之：以之为孩，把百姓当作孩子一样。

【文意疏通】

圣人没有固定不变的私心，他把百姓的心作为自己的心。对于善良的人，我以善良对待他；对于不善良的人，我也以善良对待他，这样可以使人人向善。对于诚信的人，我以诚信对待他；对不诚信的人，我也以诚信对待他，这样可以使人人守信。圣人为政于天下，将收敛自己的欲意，使天下人的心思化归于浑朴纯真。百姓都专注于自己的耳目，而圣人却把他们当作孩子一样看待。

【义理揭示】

什么是"圣人之心"？老子认为，圣人要没有自己的私心，即不能以自己的主观意志去决定好恶、判断是非和限定百姓的意志；相反要以百姓的意志来决定自己的意志，就是要"以百姓之心为心"。这样，自我意志与百姓之间以及人与自然之间的隔阂才能打破，距离才能消除，才能达到人我合一，天人合一。

老子主张圣人要以百姓之心为心，就是要以无好恶是非和不分彼此厚薄的浑然之心去治理天下，这样天下百姓就不会出现刻意追求和有意避让的行为，更不会饰伪使诈，就能归于淳朴、和乐无欲。

三 天道无亲，常与善人

【原文选读】

和①大怨，必有余怨；报怨以德，安可以为善②？
是以圣人执左契③，而不责④于人。有德司契，无德司彻⑤。
天道无亲⑥，常与⑦善人。

（选自《老子·第七十九章》）

注释：

①和：调和，和解。

②安：疑问代词，哪里。善：好办法。

③执：持有，保存。契（qì）：契约。古代借贷财物时双方在竹木上刻下的文字约定，相当于现在的合同文字，竹木一劈为二，左片刻有借贷者姓名，由债权人持有，称左契；右片刻有债权人姓名，由负债人持有，称右契。

④责（zhài）：通"债"，偿还，讨债。

⑤司彻：掌管税收的官职。司：主管，掌管。彻：周代税法，征收农民收成十分之一的税为彻。

⑥无亲：没有偏爱。亲：偏爱。

⑦与：帮助，给予。

【文意疏通】

和解深重的仇怨必然还会留下残余的怨恨；用德来报答怨恨，这哪里能算是妥善解决问题的好办法呢？

因此，圣人只保存借据的存根——左契，但并不以此向人追讨债务。有德之人就像持有借据存根的圣人那样宽容大度，没有德的人就像掌管税收的官吏那样苛刻严酷。

自然规律对人没有偏爱，永远帮助有德的善人。

【义理揭示】

君子的赤子之心不仅要有以德为政的理想，还应该学会化解仇恨矛盾的方法。"以德报怨"从字面上理解是指通过给别人恩惠来报答别人给予自己的仇怨，以此来感化对方，化解宿怨，这是一种很好的处世之道。但在老子看来，这绝不是能根本解决深重仇怨的好办法。那么，如何才能做到不结怨呢？就要像有道的圣人那样，行"无为"之治，以"德"化民，给予而不索取，不扰害百姓，也就是要时刻怀有"执左契而不责于人"之心。

四 常德不离

【原文选读】

知其雄①，守其雌②，为天下溪③。为天下溪，常德不离，复归于婴儿④。知其白，守其黑，为天下式⑤，为天下式，常德不忒⑥，复归于无极⑦。知其荣⑧，守其辱⑨，为天下谷⑩。为天下谷，常德乃足，复归于朴⑪。朴散则为器⑫，圣人用之，则为官长⑬，故大制不割⑭。

(选自《老子·第二十八章》)

注释：

①雄：比喻刚劲、躁进、强大。

②雌（cí）：比喻柔静、软弱、谦下。

③溪：沟溪。

④婴儿：象征纯真、稚气。

⑤式：楷模、范式。

⑥忒（tè）：过失、差错。

⑦无极：这里是指最终的真理。

⑧荣：荣誉，宠幸。

⑨辱：侮辱、羞辱。

⑩谷：深谷、峡谷，喻胸怀广阔。

⑪朴：朴素，指纯朴的原始状态。

⑫器：器物，指万事万物。

⑬官长：百官的首长，领导者、管理者。

⑭制：制作器物，引申为政治。割：割裂。大制不割：完整的政治是不割

裂的。

【文意疏通】

　　深知什么是雄强，却安守雌柔的地位，甘愿做天下的溪涧。甘愿做天下的溪涧，永恒的德性就不会消失，就会回复到婴儿般单纯的状态。深知什么是明亮，却安于暗昧的地位，甘愿做天下的模式。甘愿做天下的模式，永恒的德行就会不出现差错，就能达到不可穷极的真理。深知什么是荣耀，却安守卑辱的地位，甘愿做天下的深谷。甘愿做天下的深谷，永恒的德性才得以充足，回复到自然本初纯真的状态。朴素本初的东西散开来成为万事万物，有道的人保持这本真，就能成为百官之长，所以说完善的政治是不可分割的。

【义理揭示】

　　"为天下溪，常德不离，复归于婴儿。"在这里，老子提倡的是要淡泊宁静，回归到婴儿般纯真、自然、朴素的状态。因为只有婴儿才不会被世俗的功名利禄所困扰，只有婴儿才真正无私无欲，纯朴无邪。其实，不用任何道德规范来束缚人的思想、限制人的行为，引导人们返璞归真，回到自然朴素状态就是最好的导向。可是，又有谁能够真正做到如婴儿般纯真无邪、天真素朴呢？

五 举世皆浊我独清

【原文选读】

　　屈原既放，游于江潭，行吟泽畔，颜色憔悴[①]，形容枯槁[②]。

渔父见而问之曰："子非三闾大夫与？何故至于斯？"

屈原曰："举世皆浊我独清，众人皆醉我独醒，是以见放。"

渔父曰："圣人不凝滞于物，而能与世推移。世人皆浊，何不淈③其泥而扬其波？众人皆醉，何不哺④其糟而歠其醨⑤？何故深思高举⑥，自令放为？"

屈原曰："吾闻之，新沐者必弹冠，新浴者必振衣，安能以身之察察，受物之汶汶⑦者乎？宁赴湘流，葬于江鱼之腹中，安能以皓皓之白，而蒙世俗之尘埃乎？"

渔父莞尔而笑，鼓枻⑧而去。歌曰："沧浪之水清兮，可以濯吾缨；沧浪之水浊兮，可以濯吾足。"遂去，不复与言。

(选自战国·屈原《渔父》)

注释：

①憔悴（qiáo cuì）：形容人瘦弱，面色不好看。

②形容枯槁（kū gǎo）：身体瘦弱，精神萎靡，面色枯黄。形容：形体和容貌。枯槁：枯萎。

③淈（gǔ）：搅浑。

④哺（bǔ）：吃。

⑤歠（chuò）其醨（lí）：饮薄酒。这里喻指随波逐流，从俗沉浮。

⑥高举：高出世俗的行为。举：举动。

⑦汶汶（mén mén）：内心昏暗不明的样子。

⑧枻（yì）：短的船桨。

【文意疏通】

屈原被放逐之后，在江湖间游荡。他沿着水边边走边唱，脸色憔悴，形体容貌枯槁。渔父看到屈原便问他说："您不就是三闾大夫吗？为什么会落到这种地步？"

屈原说："世上全都肮脏只有我干净，个个都醉了唯独我清醒，因此被放逐。"

渔父说："通达事理的人对客观时势不拘泥执着，而能随着世道变化推移。既然世上的人都肮脏龌龊，您为什么不也使那泥水弄得更浑浊而推波助澜？既然个个都沉醉不醒，您为什么不也跟着吃那酒糟喝那酒汁？为什么您偏要忧国忧民，做出高于世俗的行为，使自己遭到被放逐的下场呢？"

屈原说："我听过这种说法，刚洗头的人一定要弹去帽子上的尘土，刚洗澡的人一定要抖净衣服上的泥灰。哪里能让洁白的身体去接触污浊的外物？我宁愿投身湘水，葬身在江中鱼鳖的肚子里，哪里能让玉一般的东西去蒙受世俗尘埃的沾染呢？"

渔父微微一笑，拍打着船板离屈原而去。口中唱道："沧浪水清啊，可用来洗我的帽缨；沧浪水浊啊，可用来洗我的双足。"便离开了，不再和屈原说话。

【义理揭示】

面对楚国的日益腐败和日益严峻的政治军事形势，屈原无力挽救楚国的危亡。由于深感政治理想无法实现，屈原无奈选择了投汨罗江而死。这充分体现了他对楚国的挚爱以及为理想而献身的伟大精神。在一些人看来，处世也不必过于认真，世道清明，可以出来为官；世道浑浊，可以与世浮沉。但是即使在"举世皆浊我独清，众人皆醉我独醒"之时，屈原仍然能够坚守清白，坚持与黑暗势力斗争。缘于对国家赤诚的爱，屈原可以为了自己的政治理想纵身一跃自沉汨罗江。因为屈原有一颗对国家至死忠诚不渝的赤子之心。

六 人而无信，不知其可

【原文选读】

子曰："人而无信①，不知其可也。大车无輗②，小车无軏③，其何以④行之哉？"

(选自《论语·为政》)

注释：

①信：信用、信义。

②輗（ní）：牛车车辕与轭相连接的销子。

③軏（yuè）：马车车辕与轭相连接的销子。

④何以：凭什么。

【文意疏通】

孔子说："一个人不讲信用，我不知道他该怎么办。就像大车没有车辕与轭相连接的销子，小车没有车辕与轭相连接的销子，它靠什么行走呢？"

【义理揭示】

诚实守信是中华民族的传统美德。孔子认为，信是人立身处世的前提。在孔子看来，信的含义有二：一是信任，即取得他人的信任，二是对他人讲信用。只有相信他人，然后才能做到对他人信守诺言。因此，相信他人，相信他人之善、他人之行是信之基础。而相信他人是赤子之心的具体表现。孩童从自己朴素的想法出发，纯真地认为人与人、人与社会、人与自然之间的关系都应该是诚信的,"苟非吾之所有,虽一毫而莫取"。如果放弃了这样的行为准则,就失去了赤子之心,接下来会发生什么谁也无法预料。所以,孔子说"人而无信,不知其可"。

七 老吾老,以及人之老

【原文选读】

老吾老①,以及人之老;幼②吾幼,以及人之幼。天下可运于掌③。《诗》云:"刑④于寡妻⑤,至于兄弟,以御⑥于家邦。"言举斯心,加诸彼而已。故推恩足以保四海,不推恩无以⑦保妻子⑧。古之人所以大过人者,无他焉,善推其所为而已矣。今恩足以及禽兽,而功不至于百姓者,独何与?

(选自《孟子·梁惠王上》)

注释:

①老吾老:尊敬自己的老人。第一个"老"是动词,尊敬。第二个"老"是名词,老人。

②幼:爱护。

③运于掌:在手心里运转,比喻治理天下很容易。

④刑:通"型",指树立榜样,做示范。

⑤寡妻:国君的正妻。

⑥御:治理。

⑦无以:没有用来……的办法。

⑧妻子:妻子和儿女。

【文意疏通】

尊敬自己的老人，并由此推广到尊敬别人的老人；爱护自己的孩子，并由此推广到爱护别人的孩子。做到了这一点，整个天下便会像在自己的手掌心里运转一样容易治理了。《诗经》说："先给妻子做榜样，再推广到兄弟，再推广到家族和国家。"说的就是要把自己的心推广到别人身上去。所以，推广恩德足以安定天下，不推广恩德连自己的妻子儿女都保不了。古代的圣贤之所以能远远超过一般人，没有别的什么，不过是善于推广他们的好行为罢了。如今大王您的恩惠能够施及动物，却不能够施及老百姓，这是为什么呢？

【义理揭示】

"老吾老以及人之老，幼吾幼以及人之幼。"是中华民族将爱推己及人的传统美德。在这里，孟子所描述的理想社会与孔子大同世界的思想一脉相承。试想，如果每个人都能够用仁义礼信来对待他人，那么就会百姓和乐、社会安定和谐。爱自己、爱自己的亲人，进而爱他人、爱他人的亲人，其出发点是爱自己。爱自己、爱自己的亲人这一点就是小孩子也能做到，而爱他人、爱他人的亲人却不是谁都能做到的。这就需要将小孩子的认识和行为推广开，将赤子之心转为仁爱之心。

八 穷则独善其身，达则兼善天下

【原文选读】

孟子谓宋勾践[①]曰："子好游[②]乎？吾语子游。人知之，亦嚣

第三章 赤子之心

嚣③;人不知,亦嚣嚣。"

曰:"何如斯可以嚣嚣矣?"

曰:"尊德乐义,则可以嚣嚣矣。故士穷不失义,达不离道。穷不失义,故士得己④焉;达不离道,故民不失望焉。古之人,得志,泽加于民;不得志,修身见于世。穷则独善其身,达则兼善天下。"

(选自《孟子·尽心上》)

注释:

①宋勾践:人名,姓宋,名勾践,生平不详。
②游:指游说。
③嚣嚣(xiāo xiāo):安详自得的样子。
④得己:即自得。

【文意疏通】

孟子对宋勾践说:"你喜欢游说各国的君主吗?我告诉你游说的态度。别人理解也安详自得;别人不理解也安详自得。"

宋勾践问:"怎样才能做到安详自得呢?"

孟子说:"尊崇道德,喜爱仁义,就可以安详自得了。所以士人穷困时不失去仁义;显达时不背离道德。穷困时不失去仁义,所以安详自得;显达时不背离道德,所以老百姓不失望。古代的人,得志时将恩惠施于百姓;不得志时修养自身以显现于世。穷困时独善其身,显达时兼善天下。"

【义理揭示】

"得志,泽加于民;不得志,修身见于世。穷则独善其身,达

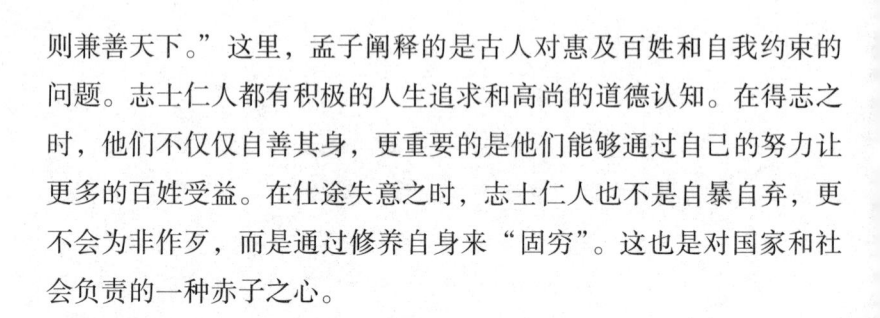

则兼善天下。"这里,孟子阐释的是古人对惠及百姓和自我约束的问题。志士仁人都有积极的人生追求和高尚的道德认知。在得志之时,他们不仅仅自善其身,更重要的是他们能够通过自己的努力让更多的百姓受益。在仕途失意之时,志士仁人也不是自暴自弃,更不会为非作歹,而是通过修养自身来"固穷"。这也是对国家和社会负责的一种赤子之心。

九 遭世罔极兮,乃殒厥身

【原文选读】

谊既以適①去,意不自得,及渡湘水,为赋以吊屈原。屈原,楚贤臣也,被谗放逐,作《离骚赋》,其终篇曰:"已矣!国亡人,莫我知也②。"遂自投江而死。谊追伤之,因以自谕。其辞曰:

恭承嘉惠兮,俟③罪长沙。仄闻④屈原兮,自湛汨罗。造托湘流兮,敬吊先生。遭世罔极兮,乃殒厥身。呜呼哀哉兮,逢时不祥!鸾凤伏窜兮,鸱鸮⑤翱翔。阘茸⑥尊显兮,谗谀⑦得志;贤圣逆曳兮,方正倒植。谓随、夷⑧混兮,谓跖、蹻⑨廉;莫邪⑩为钝兮,铅刀为铦⑪。吁嗟默默,生之亡故兮!斡弃周鼎⑫,宝康瓠⑬兮。腾驾罢牛,骖蹇驴兮⑭;骥垂两耳,服盐车兮⑮。章父荐屦⑯,渐不可久兮;嗟苦先生,独离⑰此咎兮!

(选自东汉·班固《汉书·贾谊传》)

注释:

①適:通"谪(zhé)",降职并外放。
②莫我知也:没有人理解我。莫:没有人。

③竢（sì）：通"俟"，等待。

④仄（zè）闻：传闻。

⑤鸱鸮（chī xiāo）：像猫头鹰一类的鸟。

⑥阘茸（tà róng）：缺德无才之人。

⑦谗谀（chán yú）：谗毁、阿谀。

⑧随：卞随，商汤时贤人。夷：伯夷，周初之人。

⑨跖：盗跖。蹻：庄蹻，楚盗。

⑩莫邪：相传为春秋时吴国著名的宝剑。

⑪铅刀：铅质之刀，言其不锋利。铦（xiān）：锋利。

⑫斡（wò）弃：抛弃。周鼎：周朝传国之宝鼎。

⑬宝：把……当成宝贝。康瓠（hù）：破瓦壶。

⑭腾驾：驾辕。罢（pí）：通"疲"，累。蹇（jiǎn）驴：瘸腿驴。

⑮骥（jì）：良马。垂两耳：马匹负重超量之困态。服：驾。

⑯章父（fǔ）：古代的一种冠名。荐屦（jù）：垫鞋。

⑰离：遭到。

【文意疏通】

贾谊因为贬谪离开后，内心非常不愉快。在渡湘水时，写下一篇辞赋来凭吊屈原，赋文这样说：

我恭奉天子诏命，戴罪来到长沙任职。曾听说过屈原啊，是自沉汨罗江而长逝。今天我来到湘江边上，托江水来敬吊先生的英灵。遭遇纷乱无常的社会，才逼得您自杀失去生命。啊呀，太令人悲伤啦！正赶上那不幸的年代。鸾凤潜伏隐藏，鸱鸮却自在翱翔。不才之人尊贵显赫，阿谀奉承之辈得志猖狂；圣贤都不能顺随行事啊，方正的人反屈居下位。世人竟称卞随、伯夷贪婪，盗跖、庄蹻廉洁；莫邪宝剑太钝，铅刀反而是利刃。唉呀呀！先生您真是太不幸了，平白遭此横祸！丢弃了周代传国的无价鼎，反把破瓠当奇货。驾着疲惫的老牛和跛驴，却让骏马垂着两耳拉盐车。好端端的礼帽当鞋垫，这样的日子怎能长？哎呀，真苦了屈先生，唯您遭受这飞来祸！

【义理揭示】

贾谊虽有满腹才华，但最终还是被贬出京师，后来到长沙国去当了长沙王太傅。贾谊内心最悲愤的是心中远大的抱负难以实现。受谗被贬后，他深感孤独和失望。当他南行途经湘江时，望着滔滔的江水，想起了爱国诗人屈原，思绪联翩，于是就写了一首赋以表达对屈原的崇敬之心，并抒发自己的怨愤之情。其实，无论是屈原还是贾谊，他们对国家的赤诚世人皆知。自沉出于内心的怨愤，但更是出于对国家赤诚的爱。对他们来说，即使牢骚满腹也掩盖不了自己的赤子之心。

十 怒发冲冠

【原文选读】

怒发冲冠，凭栏处、潇潇①雨歇。抬望眼，仰天长啸②，壮怀激烈。三十功名尘与土，八千里路云和月。莫等闲③、白了少年头，空悲切。

靖康耻④，犹未雪。臣子恨，何时灭！驾长车，踏破贺兰山⑤缺。壮志饥餐胡虏肉，笑谈渴饮匈奴血。待从头、收拾旧山河，朝天阙⑥。

(选自南宋·岳飞《满江红》)

注释：

①潇潇（xiāo xiāo）：形容雨势急骤。
②长啸：大声呼叫。
③等闲：轻易，随便。
④靖康耻：宋钦宗靖康二年（1127），金兵攻陷汴京，掳走徽、钦二帝。
⑤贺兰山：位于宁夏回族自治区与内蒙古自治区交界处的贺兰山脉。
⑥朝天阙（què）：朝见皇帝。天阙：本指宫殿前的楼观，此指皇帝生活的地方。

【文意疏通】

我愤怒得头发竖了起来，顶飞了帽子。独自登高凭栏远眺，骤急的风雨刚刚停歇。抬头远望天空，禁不住仰天长啸，一片报国之心充满心怀。三十多年来虽已建立一些功名，但如同尘土微不足道，南北转战八千里，经过多少风云人生。好男儿，要抓紧时间为国建功立业，不要空将青春消磨，等年老时徒自悲切。

靖康之变的耻辱，至今仍然没有被雪洗。作为国家臣子的愤恨，何时才能泯灭！我要驾着战车向贺兰山进攻，连贺兰山也要踏为平地。我满怀壮志，打仗饿了就吃敌人的肉，谈笑渴了就喝敌人的鲜血。待我重新收复旧日山河，再带着捷报向国家报告胜利的消息！

【义理揭示】

岳飞的《满江红》抒发了他扫荡敌寇、还我河山的坚定意志和必胜信念，也反映了南北人民的共同心愿。作者始而怒发冲冠、继而仰天长啸，神情激越，气势磅礴，写出了他凭栏远眺中原失地时汹涌激荡的心潮。岳飞蔑视功名，只求收复失地、江山一统，在词作字里行间透露着其满腔民族义愤。岳飞用赤子之心，拳拳之意，激励着中华民族的爱国心，感染了一代又一代中华儿女。

十一 怵惕恻隐之心

【原文选读】

大人者，以①天地万物为一体者也。其视天下犹一家，中国犹一人焉。若夫间②形骸而分尔我者，小人矣。大人之能以天地万物为一体也，非意之也，其心之仁本若是，其与天地万物而为一也。岂惟大人，虽小人之心亦莫不然，彼顾自小之耳。是故见孺子③之入井而必有怵惕④恻隐之心焉，是其仁之与孺子而为一体也，孺子犹同类者也；见鸟兽之哀鸣觳觫⑤而必有不忍之心焉，是其仁之与鸟兽而为一体也，鸟兽犹有知觉者也；见草木之摧折而必有悯恤⑥之心焉，是其仁之与草木而为一体也，草木犹有生意者也；见瓦石之毁坏而必有顾惜之心焉，是其仁之与瓦石而为一体也。是其一体之仁也，虽小人之心亦必有之，是乃根于天命之性，而自然灵昭⑦不昧者也，是故谓之"明德"。

（选自明·王阳明《大学问》）

注释：

①以：认为。

②间（jiàn）：隔开，使不连接。

③孺子：小孩子。

④怵惕（chù tì）：恐惧警惕的意思。

⑤觳觫（hú sù）：恐惧得发抖，恐惧颤抖的样子。
⑥悯恤（mǐn xù）：怜悯体恤。
⑦灵昭（líng zhāo）：明白，清楚。

【文意疏通】

大人认为天地万物都是一体的。他把天下万物看作是一家，整个中国看作是一个人。如果因为形体之别而分你我，那么就是小人。大人能够把天地万物当作一体，并不是他的意识如此，而是心的仁德本体就是这样，是这仁德本体与天地万物为一体。不只是大人如此，小人的心也是这样，只不过是小人的心愿意自己使它小罢了。所以，看见小孩掉到井里，人一定有同情恻隐之心，这是因为仁心与小孩是一体。小孩也同样具有这种仁心，当他看到鸟兽悲哀地鸣叫，也有不忍之仁心。鸟兽也有类似的知觉，当它看到草树被毁坏，也有怜悯之心，这是因为它的仁心与草木为一体。草木也有好生之德，当它看到石头瓦片被毁坏，也有惋惜之情，是因为它的仁与石瓦也是一体的。天地万物同体而有的仁心小人也一定具备，这是根源于天命而有的，是天然就明朗，是不能被蒙蔽的，所以称其为"明德"。

【义理揭示】

如果把天地万物看成一体，那么整个世人就都是一家人。看到小孩子掉进井里，每个人都会生发出同情、恻隐之心，也就是说每个人的内心深处都有仁义之心。推而广之，遇到倒地的老人，遇到需要救助的人，每个人也会生发出恻隐同情之心，但是为什么还会出现"扶不扶"的事实与讨论，还会出现"小悦悦"这样极端的事情呢？是怵惕恻隐之心被蒙蔽了！为了类似的悲剧不再发生，我们就要积极唤醒怵惕恻隐之心。

十二 最初一念之本心

【原文选读】

　　夫童心者，真心也。若以童心为不可，是以真心为不可也。夫童心者，绝假纯真，最初一念之本心也。若失却童心，便失却真心；失却真心，便失却真人。人而①非真，全不复有初矣。

　　童子者，人之初也；童心者，心之初也。夫心之初，曷可失也？然童心胡然②而遽③失也。盖方其始也，有闻见从耳目而入，而以为主于其内而童心失。其长也，有道理从闻见而入，而以为主于其内而童心失。其久也，道理闻见日以益多，则所知所觉日以益广，于是焉又知美名之可好也，而务欲以扬之而童心失。知不美之名之可丑也，而务欲以掩之而童心失。夫道理闻见，皆自多读书识义理而来也。古之圣人，曷④尝不读书哉。然纵不读书，童心固自在也；纵多读书，亦以护此童心而使之勿失焉耳，非若学者反以多读书识义理而反障之也。夫学者既以多读书识义理障其童心矣，圣人又何用多著书立言以障学人为耶？童心既障，于是发而为言语，则言语不由衷；见而为政事，则政事无根柢⑤；著而为文辞，则文辞不能达。非内含于章美也，非笃⑥实生辉光也，欲求一句有德之言，卒不可得，所以者何？以童心既障，而以从外入者闻见道理为之心也。

（选自明·李贽《童心说》）

第三章　赤子之心

注释：

①而：如果。

②胡然：突然，贸然。

③遽（jù）：突然。

④曷（hé）：何，怎么。

⑤根柢（dǐ）：比喻事物的根基，基础。

⑥笃（dǔ）：忠实，厚实。

【文意疏通】

　　所谓童心，其实是人在最初未受外界任何干扰时一颗毫无造作、绝对真诚的本心。如果失掉童心，便是失掉真心；失去真心，也就失去了做一个真人的资格。而人一旦不以真诚为本，就永远丧失了本来应该具备的完整的人格。

　　儿童，是人生的开始；童心，是心灵的本源。心灵的本源怎么可以遗失呢？那么，童心为什么会贸然失落呢？在人的启蒙时期，通过耳闻目睹会获得大量的感性知识，长大之后，又学到更多的理性知识，而这些后天得来的感性的见闻和理性的道理一经入住人的心灵之后，童心也就失落了。久而久之，所得的道理、见闻日益增多，所能感知、觉察的范围也日益扩大，从而又明白美名是好的，就千方百计地去发扬光大；知道恶名是丑的，便挖空心思地来遮盖掩饰，这样一来，童心也就不复存在了。人的见闻、道理，都是通过多读书、多明理才获得的。可是，古代的圣贤又何尝不是读书识理的人呢！关键在于，圣人们不读书时，童心自然存而不失；纵使多读书，他们也能守护童心，不使其失落，绝不像那班书生，反会因为比旁人多读书识理而壅蔽了自己的童心。既然书生会因为多读书识理而壅蔽童心,那么圣人又何必要热衷于著书立说以至于迷人心窍呢?童心一旦壅蔽,说出话来,也是言不由衷;参与政事,也没有真诚的出发点;写成文章,也就无法明白畅达。其实,一个人如果不是胸怀美质而溢于言表,具有真才实学而自然流露的话,那么,从他嘴里连一句有道德修养的真话也听不到。为什么呢?就是因为童心已失,而后天得到的见闻、道理却入住心灵的缘故。

【义理揭示】

童心对一个人来说至关重要。每一个人原本都有一颗童心,但是随着人的启蒙,随着阅历的增加有些人的童心逐渐失去了。人如果失去了童心,就会不知美丑,不明善恶。为政者失去了童心,执政管理就会出现混乱,为文者失去了童心写出的文章就无法畅达。因此,作者说失去了童心就失去了真心,失去了真心就失去了做真人的资格。在 21 世纪的今天,我们要建设社会主义和谐社会,就需要每个人都能真诚做人,用真诚的童心对待社会和他人。

十三 不失赤子之心

【原文选读】

孟子曰:"大人者,不失其赤子①之心者也。"

(选自《孟子·离娄下》)

余常谓:诗人者,不失其赤子之心者也。沈石田《落花诗》云:"浩劫信于今日尽,痴心疑有别家开。"卢仝诗云:"昨夜醉酒归,仆倒竟三五。摩挲青莓苔,莫嗔惊着汝。"宋人葛天民绝句仿之云:"池水涨波高二尺,失却捣衣平正石。今朝水退石依然,老夫一夜空相忆。"又曰："老僧只恐云飞去，日午先教掩寺门。"近人陈楚南《题背面美人图》云："美人背倚玉栏干，惆怅花容欲见难。几度唤他他不转，痴心欲掉画图看。"妙在皆孩提②语也。

(选自清·袁枚《随园诗话》)

词人者，不失其赤子之心者也。故生于深宫之中，长于妇人之手，是后主③为人君所短处，亦即为词人所长处。

(选自近代·王国维《人间词话》)

注释：

①赤子：婴儿。

②孩提：泛指幼儿。古代对两三岁的小孩有孩提之童之称。

③后主：一个王朝的末代君主。这里指南唐后主李煜。

【文意疏通】

孟子说："伟大的人物是童心未泯的人。"

袁枚常说：诗人是童心未泯的人。沈石田在《落花诗》中说："浩劫信于今日尽，痴心疑有别家开。"卢仝的诗说："昨夜醉酒归，仆倒竟三五。摩挲青莓苔，莫嗔惊着汝。"宋朝人葛天民模仿的绝句说："池水涨波高二尺，失却捣衣平正石。今朝水退石依然，老夫一夜空相忆。"又说："老僧只恐云飞去，日午先教掩寺门。"近代人陈楚南在《题背面美人图》中说："美人背倚玉栏干，惆怅花容欲见难。几度唤他他不转，痴心欲掉画图看。"妙就妙在都是孩童的话语。

词人是童心未泯的人。所以生活在深宫之中，生长在妇人之手，这是李煜作为君王不足的地方，但是这也是作为词人擅长的地方。

【义理揭示】

伟大的人物有一颗赤子之心，诗人有一颗赤子之心，词人有一颗赤子之心。有了这赤子之心，才成就了他们的伟大，才成就了他们笔下的诗词。由此可见，赤子之心对一个人有多重要。想一想，世上又有多少人因为奢望过多，丢下了赤子之心，最终失去了一切。可见，抛却过多的奢望，以一种童心般的新奇和纯真去选择才能无忧，永远以自然无伪的本色去做事才能成就自己。其实，在很多情况下为人处世难就难在能保持一颗童心，做一个童心未泯的人。

文化倾听

人性究竟是善还是恶，历来众说纷纭。孟子认为"人之初，性本善"，荀子则认为"人之初，性本恶"。无论是强调善还是主张恶，儒家的两位大师都是借此宣扬自己的学说。其实，人性无所谓善恶，只要有一颗纯真的赤子之心。这正如告子所言："性犹湍水也，决诸东方则东流，决诸西方则西流。人性之无分于善不善也，犹水之无分于东西也。"可见，原本纯真的孩童最终选择了善还是走向了恶，关键在于引导。因而，赤子之心对一个人的发展就显得尤其重要。

孩童般的赤子之心最主要的一点是纯真无伪。孩童首先不会心生恶意，不会刻意去隐藏自己的内心，更不会钩心斗角相互倾轧。

我们也经常会拿纯真得像个孩子来形容一个人的天真无瑕。因此，李贽用"绝假纯真最初一念之本心"来形容童心即赤子之心。因此，老子认识到"常德不离，复归于婴儿"的重要性。屈原在"游于江潭，行吟泽畔"之时，源于他赤子之心的真诚和对国家的忠心而"颜色憔悴，形容枯槁"；岳飞看到南北割据的现实怀着真诚的赤子之心渴望收复失地，因为不能遂愿而"怒发冲冠"；辛弃疾赋闲在家之时，没有逍遥世事国事之外，而是感受到"闲愁最苦"，最终只能"把吴钩看了，栏杆拍遍"。这都源于他们内心纯真无伪的赤子之心。

古人非常重视赤子之心。他们认为"大人者，不失其赤子之心"，"诗人者，不失其赤子之心"，"词人者，不失其赤子之心"。其实，在各个方面要想做出一番成就都需要这纯真的赤子之心。画家要绘出传世画卷，作曲家要谱出动人旋律，文人要创作出经典之作都离不开纯真的赤子之心。文艺领域呼唤赤子之心是古今中外美学家和文艺理论家都赞同的观点。王国维在《作为意志和表象的世界》中曾翻译过叔本华关于天才的论述。王国维翻译叔本华的话说："天才者，不失其赤子之心者也。盖人生自七年后，知识之起点——即脑之质与量已达完全之域，而生殖之机关尚未发达。故赤子能感也，能思也，能教也。其爱知识也较成人为深，而其受知识也亦视成人为易。一言以蔽之曰：彼之知力盛于意志而已，即彼之知力之作用远过于意志所需要而已。故自某方面观之，凡赤子皆天才也；又凡天才自某点观之，皆赤子也。"在叔本华看来，赤子之心与天才是互为佐证的：天才是有赤子之心的人，有赤子之心的人全是天才！由此可见，赤子之心在西方人的眼中同样非常重要。

赤子之心是逐渐升华的。一个人的内心最初或许是最自私的，但逐渐会产生对家人、亲人、社会和国家真挚无条件的爱。虽然老子认为天地生养万物，因而天地没有私心。但是我们不能因此认定孩童没有私心。其实，不仅孩童有私心，包括成年人也都是有私心的。一个人的赤子之心不是指他无私，而是由个人的私心开始萌生。一个人有没有赤子之心的关键不在于他有没有私心，而在于他能够以一个孩童的心思看待世间万物，并且由对自己的私心逐渐升华，普适至家人、社会和国家。

赤子之心首先表现在子女对父母的爱。这是孩童在成长过程中逐渐懂得的道理。子女对父母的爱是最最真挚的，也是没有任何附加条件的。随着年龄的增长，个人阅历的增加，一个人对社会、对人生的看法会越来越深刻、越来越丰富。于是才会有"穷则独善其身，达则兼善天下"的认识，有了这样的认识才可能惠及百姓、社会和国家。于是，才可能"老吾老以及人之老，幼吾幼以及人之幼"。

对远离故土的游子来说，他们的赤子之心直接表现为对故土的强烈思恋和对祖国的赤诚热爱。当国家出现危难之时，海外游子总是能无条件地站出来，或如陈嘉庚倾其所有进行经济资助，或如钱学森不畏艰难险阻勇于回国。这都源自于他们内心那拳拳的赤子之心。

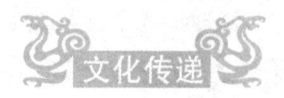

文化传递

1955年初，钱学森踏上了归国的路途。经过15天的海上生活后，终于回到了日夜思念的祖国。在到达北京的第二天清晨，他便

第三章 赤子之心

和妻子蒋英一起,带着两个孩子来到天安门广场。面对故国的新天新地,这位 40 岁出头的物理学家情不自禁地说:"我相信我一定能回到祖国,现在我终于回来了。"

1929 年,钱学森中学毕业后考入上海交通大学。1934 年,他考取了清华大学第二届公费留学生,并于 1935 年夏天赴美留学。从 1935 年开始,钱学森在美国加州理工学院、麻省理工学院学习和工作了 20 年。钱学森品学兼优,很早就在空气力学和超音速飞行方面显现出卓越的才能。36 岁那年,他便被评为终身教授。他曾随美国空军顾问团去考察纳粹德国的导弹技术,还被美国空军授予上校军衔。但是,在美国取得如此成就并享受着优厚待遇的钱学森却时时不忘祖国,祖国的风云变幻更是时时牵动着这位海外赤子的心。

新中国成立后,钱学森异常兴奋,并和妻子展望未来向往祖国。但是,就在他将精心准备的书籍、笔记本装上轮船准备回国时,钱学森却被限制离开美国。不久,美国海关非法扣留了钱学森的行李和书籍,美国联邦调查局逮捕了钱学森,并将他关押在特米那岛上的拘留所。后来,由于钱学森的抗议和美国友人的大力帮助,移民局才不得不释放了钱学森。但是,被释放的钱学森还是没有人身自由,他仍然被监视着。

钱学森是一个卓越的火箭研究专家,无论在哪里他都被视为珍宝。美国一位海军次长曾经这样评价钱学森:"钱学森无论在哪里,都抵得上 5 个师,我宁可把这家伙枪毙了,也不让他回国。"但是,美国当局的蛮横并不能封锁钱学森的报国之志和赤子之心,他和夫人蒋英继续通过各种方式进行斗争。

回到加州理工学院后,钱学森于 1954 年用英文写的 30 余万字的《工程控制论》在美国出版。这一方面要显示中国人在工程技术的才华；另一方面他是让美国当局看到他已经改变了原来致力于喷气推进的研究方向，以便消除他们不让钱学森回国的借口。在那些艰难的岁月里，钱学森家里摆好三只轻便的箱子，他整装待发，以便随时可以动身回国。

1955年6月，钱学森在一封家书中夹带一封给陈叔通副委员长的信，字里行间，一颗赤子之心跃然纸上，他恳切要求党和政府帮助他回国。不久，历时长达5年多的斗争在钱学森赤子之心的感动下终于有了结果。1955年，在周恩来总理的直接关怀和过问下，美国移民局才不得不同意钱学森回国。

回国后，钱学森用自己的心血浇灌祖国的科学技术之花，为中国的国防尖端科学作出了历史性的贡献。从第一颗原子弹爆炸，第一颗人造卫星上天，直到第一枚运载火箭的成功发射都有他的一份功绩。钱学森这位归侨科学家，被誉为"中国导弹之父"。

文化感悟

1. 读了有关赤子之心的选文后，你有何感想？

2. 在社会发展过程中，人类逐渐从蒙昧走向开化、从野蛮走向文明。据林庚先生《中国文学史》的记载，中国文学也经历了启蒙时代、黄金时代、白银时代和黑夜时代四个不同的时期。那么，无论是文学的发展还是社会的发展，今天我们是否还需要这赤子之心？

第四章　济世之志

文化典籍

一　博施于民而能济众

【原文选读】

子贡曰:"如有博施于民而能济①众,何如?可谓仁乎?"子曰:"何事于仁!必也圣乎!尧舜其犹病②诸③!夫仁者,己欲立而立人,己欲达而达人。能近取譬④,可谓仁之方也已。"

（选自《论语·雍也》）

注释:

①济（jì）：救济。

②病：担心，忧虑。

③诸：兼词，相当于"之于"。

④能近取譬：能够就自身打比方，即推己及人的意思。

【文意疏通】

子贡说："如果有人能广施恩惠给老百姓，帮助大家过上好日子，怎么样？可以说是做到仁了吗？"孔子说："岂止做到了仁，那简直就是圣了！就是尧、舜恐怕都还没有完全做到呢！至于说仁，那不过是自己想有所作为，也让别人有所作为，自己想飞黄腾达，也让别人飞黄腾达。能够将心比心，推己及人，这就可以说是实行仁道的方法了。"

【义理揭示】

这一段文字里，孔子提出了"仁"的主张。"己欲立而立人，己欲达而达人"是实行"仁"的重要原则。能"推己及人"，站在别人的立场上为别人着想，就达到了"仁"的境界。这种境界是普通人通过努力追求，提升修养能够做到的。"博施于民而能济众"这种"圣"的境界却并非仅靠个人一己之力能做到。所以对于普通人来说，要尽力去追求"仁"，做到"仁者爱人"、"推己及人"，从而实现理想人格。

"仁"的思想体现出孔子对一般社会民众的关注——对整个人类社会发展中实现人际之间和谐发展的关切。这一思想对于今天实现友好人际关系，创建和谐社会依然有着很强的指导意义。

二 济人之急者，德也

【原文选读】

太公曰："天下非一人之天下，乃天下之天下也，同天下之利者，则得天下；擅①天下之利者，则失天下。天有时②，地有财，能与人共之者，仁也。仁之所在，天下归之。免人之死，解人之难，救人之患，济人之急者，德也。德之所在，天下归之。与人同忧、同乐、同好、同恶者，义也。义之所在，天下赴之。凡人恶死而乐生，好德而归利，能生利者，道也。道之所在，天下归之。"

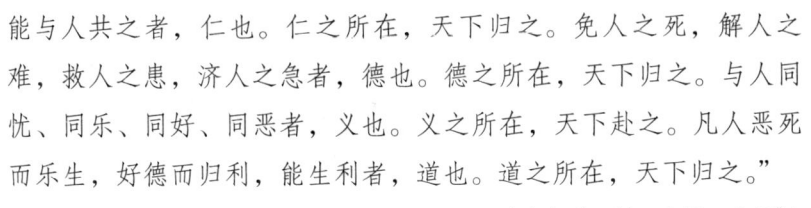

（选自《六韬·文韬·文师》）

注释：

①擅：专擅、独自享用。

②时：季节。

【文意疏通】

姜太公说："天下不是一个人的天下，而是天下之人共有的天下，能同天下之人共享其利的人，就能得到天下；想独占天下利益的人，就会失去天下。天有四季的变化，地有货财滋生，能和人们共同享用的，就是'仁'。'仁'存在的地方，天下之人就会归附。能免除人们死亡的危险，解除人们面临的危难，救助人们遭受的祸患，救济人们陷入的危急，这就是'德'。'德'存在的地方，天下之人就会归附。能与人们一起分担忧虑，一起享受欢乐，喜好人们所喜好的，憎恶人们所憎恶的，这就是'义'。'义'存在的地方，天下之人就会争相归附。民众都喜欢生存而厌恶死亡，喜欢仁德而趋向利益，能使天下人获得利益的，就是'王道'。'王道'存在的地方，天下之人就会归附。"

【义理揭示】

姜太公在这里提出了夺取天下、使天下百姓归顺的措施和方法。商朝末期，由于奴隶主贵族阶级对奴隶和平民进行残酷的剥削和压迫，阶级矛盾日益尖锐。与日薄西山、摇摇欲坠的商王朝形成鲜明对照的是，商的西方属国周的国势正如日中天，蒸蒸日上。特别是文王姬昌即位后，在政治经济上修德行善，裕民富国，广罗人才，发展生产，造成了"耕者九一，仕者世禄、关市饥而不征，泽梁无禁，罪人不孥"的清明政治局面。他采取的"笃仁、敬老、慈少、礼下贤"的政策，赢得了民众的广泛拥护，从而使周的势力迅速壮大。

可见，"同天下之利"进而挽救百姓于商纣暴政，是周得以取得天下的根本原因。由此可见，"济世"不仅是中国文人士大夫的宏愿壮志，也是统治者安定天下的措施。

三 贫者贷之，不善者教之

【原文选读】

卜式，河南人也。以田畜为事。时汉方事①匈奴，式上书，愿输家财半助边。上使使问式："欲为官乎？"式曰："自小牧羊，不习仕宦，不愿也。"使者曰："家岂有冤，欲言事乎？"式曰："臣生与人无争，邑人贫者贷②之，不善者教之，所居，人皆从式，何故见冤？"使者曰："苟，子何欲？"式曰："天子诛匈奴，愚以为贤者宜死节，有财者宜输之，如此匈奴可灭也。"使者以闻。丞相弘曰："此非人情，愿陛下勿许。"于是上不报③式。式归，复田牧。

岁余，会浑邪等降，仓府空，贫民大徙④，皆仰给县官⑤，无以尽赡⑥。式复持钱二十万与河南太守，以给徙民。河南上富人助贫民者，上识式姓名，曰："是固前欲输其家半财助边。"上于是以式终长者，召拜中郎。

(选自东汉·班固《汉书·卜式传》)

注释：

①事：从事，此指抗击。

②贷：借出。

③报：批复，许可。

④徙（xǐ）：迁移。

⑤县官：此处指朝廷。

⑥赡：供给人财物。

【文意疏通】

卜式，是河南人。以耕种畜牧为业。当时汉正在抵抗匈奴入侵，卜式上书，愿意捐出一半的家财资助边事。皇帝派人问卜式："想当官吗？"卜式说："从小牧羊，不熟悉怎样当官，不愿意做官。"使者说："家里难道没有冤家仇人，想讲出来吗？"卜式说："臣生来与人无争，家里贫穷的乡人，我就借钱给他；为人不善的，我就教他做好事，去到哪里，人们都顺从我，卜式有何冤事啊？"使者说："如果是这样，想要什么呢？"卜式说："皇上讨伐匈奴，我认为贤能的人应该为大节而死，有钱的人应该把钱捐出来，这样的话匈奴就可以灭掉了。"使者报告了朝廷。丞相弘说："这不是人之常情，希望陛下不要允许。"于是，皇上没有接受卜式的请求。卜式回家，又到田里牧羊了。

一年多后，恰逢匈奴浑邪王等人投降，朝廷开支很大，国库空虚，贫民大迁徙，所有费用都靠朝廷补给，朝廷没法完全供给。卜式又拿出了二十万给河南太守,用来发给迁徙的民众。河南上报富人救济贫民的名单,皇帝认出了卜式的名字,说:"这是以前希望捐出一半家产帮助边疆的人。"皇帝于是把卜式尊为长者,召见卜式,任命他为中郎。

【义理揭示】

在国家危难之际,卜式以平民的身份毫无所求地捐出家产报效国家,尽显一个华夏子孙的济世、报国之心。更难能可贵的是,在遭到君臣的猜忌误解,以致报国之心没能如愿时,卜式并没有因委屈而气馁更没有记恨愤怒。当国家再次陷入危机时,卜式依然倾囊相助毫无介怀。这种高尚、坦荡的情怀巍巍乎高哉,让人不可不仰视。

四 大丈夫处世,当扫除天下

【原文选读】

陈蕃字仲举,汝南平舆人也。祖河东太守。蕃年十五,尝闲处一室,而庭宇芜秽①。父友同郡薛勤来候②之,谓蕃曰:"孺子③何不洒扫以待宾客?"蕃曰:"大丈夫处世,当扫除天下,安事一室乎!"勤知其有清世志,甚奇之。

(选自南朝·范晔《后汉书·陈王列传》)

注释:

①芜秽(wú huì):杂乱。

②候:问候,看望。

③孺子：小孩子。

【文意疏通】

陈蕃字仲举，是汝南平舆人。祖上曾担任河东太守。陈蕃十五岁的时候，曾经独自闲居在一间屋子里，可是院子厅堂里很杂乱。他父亲同城的朋友薛勤来看他，对他说："你怎么不打扫干净来接待客人呢？"陈蕃说："大丈夫活在世上，应当肃清坏人，安定社会，怎么是要打扫这一个小院子呢！"薛勤得知他有清理天下的志向，感到很惊奇。

【义理揭示】

陈蕃小小年纪便有匡时济世的志愿，周恩来在十二三岁时也有"为中华之崛起而读书"的壮语。前者忠君、报国、辅社稷之危，面君直言，不避生死；后者成为新中国第一任总理，为国家和人民殚精竭虑，终其一生。虽然二人时隔久远，但从他们身上我们却能看到支撑中华民族这座大厦巍然屹立的精神脊梁！

五 人己求，拒之将惭

【原文选读】

司马徽字德操。人有临蚕求簇①者，徽便与之，自弃其蚕。或有难②之者，曰："凡人有损己以赡③人，谓彼事急，己事缓耳。今彼此正等，何为急之以与④人邪？"徽曰："人不当求耳。人己求，拒之将惭，何有以财货令人惭者也？"

（选自《太平御览·施惠下》）

注释：

①簇：通"蔟"，蚕在上面作茧的东西，通常用稻草做成。

②难（nàn）：诘问，责难。

③赡：帮助。

④与（yù）：帮助。

【文意疏通】

司马徽字德操。有一个养蚕的邻居向司马徽求取蚕结茧用的蔟，司马徽便舍弃自己正在结茧的蚕借给他了。有一个诘问他的人说："凡是损害自己来帮助他人的人，都是由于别人的事情紧急而自己的事情稍缓。现在你和他同样急用蔟，为什么还为他着急，帮助他呢？"司马徽说："那个人不曾有求于我。如今他求我借蔟，我若不借给他，他将会感到很羞愧。哪里有因为一点财货而让人羞愧的道理呢？"

【义理揭示】

三国时的"水镜先生"司马徽，不仅有经天纬地之才，而且有急人所难之德。他助人不仅仅考虑到满足别人的需求，更能考虑到求助人的感受和尊严。很显然，施助时不折损别人的尊严比单纯物质上的帮助更能体现出一个人的品格。今天的大慈善家们动辄斥资亿元于公益事业，他们的善举中是否也都体现着他们顾全他人人格尊严的人文关怀呢？

六 祖逖闻鸡起舞

【原文选读】

初,范阳祖逖,少有大志,与刘琨俱为司州主簿,同寝,中夜闻鸡鸣,蹴琨觉①,曰:"此非恶声②也!"因起舞。

及渡江,左丞相睿以为军谘祭酒。逖居京口,纠合骁健③,言于睿曰:"晋室之乱,非上无道而下怨叛也,由宗室争权,自相鱼肉,遂使戎狄乘隙,毒流中土。今遗民既遭残贼,人思自奋,大王诚④能命将出帅,使如逖者统之以复中原,郡国豪杰,必有望风响应者矣!"

睿素无北伐之志,以逖为奋威将军、豫州刺史,给千人廪⑤,布三千匹,不给铠仗,使自召募。逖将其部曲百余家渡江,中流击楫而誓曰:"祖逖不能清中原而复济者,有如大江⑥!"遂屯淮阴,起冶铸兵,募得二千余人而后进。

(选自北宋·司马光《资治通鉴》)

注释:

①觉(jiào):睡醒。
②此非恶声:古人认为半夜鸡鸣是不祥之兆,祖逖不这么认为。
③骁健:骁勇、健壮的人。
④诚:果真,如果。
⑤廪(lǐn):粮食。
⑥有如大江:让大江来作证。古人常以"有如"发誓。

【文意疏通】

当初，范阳人祖逖，年轻时就有大志向，曾与刘琨一起担任司州的主簿，与刘琨同寝，夜半时听到鸡鸣，他踢醒刘琨，说："这不是令人厌恶的声音。"就起床舞剑。

渡江以后，左丞相司马睿让他担任军谘祭酒。祖逖住在京口，聚集起骁勇强健的壮士，对司马睿说："晋朝的变乱，不是因为君主无道而使臣下怨恨叛乱，而是皇亲宗室之间争夺权力，自相残杀，这样就使戎狄之人钻了空子，祸害遍及中原。现在晋朝的遗民遭到摧残伤害后，大家都想着自强奋发，大王您如果能够派遣将领率兵出师，使像我一样的人统领军队来光复中原，各地的英雄豪杰，一定会有闻风响应的人！"

司马睿一直没有北伐的志向，他听了祖逖的话以后，就任命祖逖为奋威将军、豫州刺史，仅仅拨给他千人的口粮，三千匹布，不供给兵器，让祖逖自己想办法募集。祖逖带领自己私家的军队共一百多户人家渡过长江，在江中敲打着船桨说："祖逖如果不能使中原清明而光复成功，就像大江一样有去无回！"于是到淮阴驻扎，建造熔炉冶炼浇铸兵器，又招募了二千多人然后继续前进。

【义理揭示】

祖逖闻鸡起舞的故事家喻户晓。他立志报国，坚信能够收复失地。他坚定的信念和乐观的态度与当时苟安的东晋朝廷形成了鲜明的对照。而他也的确率领着自己征集来的军队，操着自己锻造的兵器，数年内收复了黄河以南的大片土地。因为有祖逖，东晋的北伐才能取得如此进展。但是，非常可惜，就是这样一心报国的祖逖却受到朝廷的猜忌，最终忧愤而死。当年祖逖于长江中流所发的誓愿也因祖逖的离去随水而逝，收复中原在东晋年间也没能实现。

七 素怀济世之略

【原文选读】

帝素①怀济世之略，有经纶②天下之心。接待人伦，不限贵贱，一面相遇，十数年不忘。山川冲要③，一览便忆。远近承风，咸④思托附。仍命皇太子于河东潜⑤结英俊，秦王⑥于晋阳密招豪友。太子及王俱禀圣略，倾财赈施，卑身下士。逮乎鬻缯博徒⑦，监门厮养，一技可称，一艺可取，与之抗礼⑧，未尝云倦。

（选自唐·温大雅《大唐创业起居注》）

注释：

①帝：这里是指唐高祖李渊。素：一向，向来。

②经纶（jīng lún）：筹划治理。

③冲要：军事上或交通上比较重要的地方，有时也作"要冲"。

④咸：全，都。

⑤潜：秘密地。

⑥秦王：这里是指秦王李世民，后继位为唐太宗，"世民"本来就是取意"济世安民"的意思。

⑦鬻（yù）：卖。缯（zēng）：帛的总称。博徒：善打斗的人。

⑧抗礼：行对等之礼，以平等的礼节相待。

【文意疏通】

唐高祖李渊向来就有救济世人的想法，也有筹划管理天下的心思。因此，他接触过的人物不论地位高低贵贱，只要见过一面，他就能几十年不忘怀。全国各地的山川要塞只要他看过一次，就能牢记在心。远处近处的人只要是接受过他的教化，全都想着托付于他。他命令皇太子李建成在河东一带秘密结交天下豪俊，让秦王李世民在晋阳一带秘密召集英才。太子和秦王都秉承圣上的旨意，倾其财产救济布施，谦卑地礼贤下士。对那些贩卖丝绸打架斗殴之人，守卫宫门的小官衙役，只要有一技之长就以平等的礼节对待他们，从来没有倦怠过。

【义理揭示】

唐国公李渊少有大志，为人洒脱，待人宽容。从他两个儿子的名字"建成""世民"中就能看出他救国济民的宏远志向。因而，在隋时镇压农民起义的过程中，李渊就有意招贤纳士，暗中结交天下豪杰，招纳有志有识之人，不断扩充自己的实力。在济世安民宏远志向的指引下，李渊最终建立了盛世唐王朝，开启了中国历史上最强盛的时代。

八 以天下为己任

【原文选读】

范仲淹二岁而孤，家贫无依。少有大志，每①以天下为己任，发愤苦读，或夜昏怠，辄以水沃②面；食不给，啖③粥而读。既仕，每慷慨论天下事，奋不顾身。乃至被谗受贬，由参知政事谪守邓州。仲淹刻苦自励，食不重肉，妻子④衣食仅自足而已。常自诵："士当先天下之忧而忧，后天下之乐而乐也。"

(选自《宋名臣言行录》)

注释：

① 每：常常。

② 沃（wò）：这里当"浇"讲。

③ 啖（dàn）：吃。

④ 妻子：妻子和孩子。

【文意疏通】

范仲淹两岁的时候就失去父亲，家中贫困无依。他年轻时就有远大的志向，有时夜里感到昏昏欲睡，就用冷水冲头洗脸；经常连饭也吃不上，就吃粥坚持读书。做官以后，常常谈论天下大事，奋不顾身。以至于有人说他坏话被贬官，由参知政事降职做邓州太守。范仲淹刻苦磨炼自己，吃东西不多吃肉，妻子和孩子的衣食仅自保罢了。他经常朗诵自己作品中的两句话："读书人应当在天下人忧之前先忧，在天下人乐之后才乐。"

【义理揭示】

范仲淹亦是一个少即以天下为己任的典型人物。他并没有因父亲早逝，母亲改嫁而怨天尤人，改变自己济世报国的理想；也不因母亲改嫁的朱氏人家是当地富户而消磨意志沉湎于享受。一个人打小立下的誓愿要通过终生的不懈追求来践行！范仲淹身体力行地告诉了我们这一点。他尽忠直言，重视教育，戍边帮助平定西夏叛乱，担任宰相推行"庆历新政"。他的一系列举措对当时以及后世皆有深远影响。范仲淹一生光明磊落，吕中对他的评价"一生粹然无疵"，当是一个人所能获得的最高赞誉！

九 醉里挑灯看剑

【原文选读】

醉里挑灯看剑，梦回①吹角连营。八百里②分麾下炙③，五十弦翻④塞外声。沙场⑤秋点兵。

马作的卢⑥飞快，弓如霹雳弦惊。了却君王天下事⑦，赢得生前身后名。可怜⑧白发生！

（选自南宋·辛弃疾《破阵子·为陈同甫赋壮词以寄之》）

注释：

①梦回：梦醒。

②八百里：牛名。晋王恺有良牛，名"八百里驳"。后世诗词多以"八百里"指牛。

③麾下：军旗下面，指军营里。麾：军旗。炙（zhì）：名词，烤熟的牛肉。

④五十弦：瑟的别名。翻：演奏。

⑤沙场：战场。

⑥的卢（dí lú）：三国时期刘备的坐骑，其奔跑的速度飞快。

⑦了却：完结。天下事：指收复中原，统一天下的大业。

⑧可怜：可惜。

【文意疏通】

醉梦里挑亮油灯观看宝剑，梦里醒来，听见号角声在各个军营中响起。军营将士都能分到犒劳的烤牛肉，让乐器奏起雄壮的军乐鼓舞士气。这是秋天在战场上阅兵。

战马像的卢一样,跑得飞快,弓箭像惊雷一样,震耳离弦。一心想完成替君收复国家失地的大业,博得天下生前死后的美名。只可惜已成了白发人!

【义理揭示】

辛弃疾是南宋著名的豪放派词人。在这首词里,辛弃疾通过对追忆早年抗金时阵营的庞大和当年豪迈的气概,表明了自己渴望报国杀敌、收复失地的政治理想,并借此抒发了壮志难酬、英雄迟暮的悲愤与苦闷。透过这首词,我们能看到一位披肝沥胆、勇往直前的将军形象,但是尾句让词人收复失地的理想成为泡影。"可怜白发生!"这一沉痛的慨叹不仅抒发了辛弃疾壮志难酬的悲愤,更能体现出辛弃疾内心深处那欲救国救民于水火的济世之志。只可惜在投降派把持朝政的时代,没有产生"壮词"的条件,所以辛弃疾只能通过想象来慨叹现实、来表现内心的远大抱负。

十 李谦焚券

【原文选读】

李谦,尝值岁歉,出粟千石以贷①乡人。明年②又歉,人无以③偿,谦即对众焚券④。明年大熟,人争偿之,一无所受。明年又大歉,复竭家财,设粥以济;死者复为瘗⑤之。或曰:"子阴德大矣!"谦曰:"阴德犹耳鸣,己自知之,人无知者。今子已知,何足为德?"谦寿至百岁,子孙多显。

(选自金·元好问《湖海新闻·夷坚续志》)

注释：

①贷：借出。

②明年：第二年，下一年。

③无以：没有……可以用来。

④券：契据。

⑤瘗（yì）：埋祭品或尸体、随葬物。

【文意疏通】

　　有个叫李谦的人，遇到收成不好的年头，拿出千石粮食借给乡亲度日。第二年又歉收，乡亲们没有粮食还他，李谦就对着大家把借据都烧掉了。下一年大丰收，人们都争着还他粮，他一概不接受。接下来的一年又歉收，李谦又竭尽家财，给大家提供免费餐食；有死去的人，他就帮助出钱埋葬。有人说："您的阴德大啊！"李谦说："阴德就像耳鸣，自己知道罢了，别人都不知道。现在您已知道了，这些哪里称得上德呢？"李谦很长寿，活到百岁，子孙大多很显贵。

【义理揭示】

　　这段文字出自宋元时期的志怪小说，有无真人原型无计可考。不过从中能看出我们祖先的一种心态：有能力的人应有济世之心，对需要帮助的人要施以援手，且不求回报，这是一种理想的人格状态。拥有这种人格的人虽然不求生时声名显达，身后家族兴旺，但上天却会给他们以回报：无私、不争的平和心态使李谦延年益寿，敦厚谦和的家教使他的子孙显达。

十一 振人之危，大是好事

【原文选读】

　　振①人之危，大是好事。古人能行之者，如山阳张俭亡②抵孔褒，不遇。其弟融时年十六，俭少③之，而不告。见俭有窘色，谓曰："兄虽在外，吾独不能为君主邪？"后事泄，融一门争死，竟坐④褒。近世亲戚故旧，略有毫发利害，依附惟恐累己，不一引手援，反挤之又下石焉者，皆是也。钱经历⑤允辉有《寄周岐凤诗》云："一身作客如张俭，四海何人是孔融？"江南人传诵之。

（选自明·顾元庆《夷白斋诗话》）

注释：

①振：挽救。

②亡：逃亡。

③少：认为……小。

④坐：入罪，定罪。

⑤经历：官职名。

【文意疏通】

　　挽救别人于危难之中，这是非常好的事。古人是能做到这一点的，比如山阳的张俭逃亡投奔到孔褒处，恰巧遇上孔褒外出。孔褒的弟弟孔融，当时只有十六岁，张俭认为他小，所以没有告诉他自己的处境。孔融看出张俭面露困窘的神色，就说："哥哥虽出门在外，我难道就不能成为招待你的主人么？"后来事情泄露，朝廷要追究私藏逃犯的责任，孔融一家争着去承担罪责，最终判了孔褒死罪。而如今，亲朋好友之间，只要有人稍有一点点危机，其他人就怕他们的依附会连累到自己，没有一个伸出援手，反而还要排挤他们落井下石，这样的人到处都是。钱允辉有一首《寄周岐凤诗》，其中说："一身作客如张俭，四海何人是孔融？"江南人广为传颂。

【义理揭示】

全力救助他人，是济世之心的具体体现。孔融虽然年小却也懂得在别人危难之际伸出援手的道理。张俭出逃，是由于弹劾仗势作恶的宦官及其家人，却反遭其害。孔褒作为张俭的朋友，伸出援手是出于正义以及友谊。孔融对于张俭并无所知，却肯鼎力相助，这是出自于对人的善意及怜悯之心了。更让人感动的是，明知是死罪，孔家上下不但无一人推脱罪责，反而是极力保护家人，争去抵罪。这一份舍生取义、舍己为他之心不仅在过去实属难得，于今日亦属罕见。

十二 郑板桥大兴修筑

【原文选读】

郑燮，字克柔，江苏兴化人。乾隆元年进士，关山东范县知县，调潍县，以请赈忤大吏，乞疾归。少颖悟，读书饶①别解。家贫，性落拓②不羁，喜与禅宗尊宿及期门子弟③游。日放言高谈，臧否④人物，以是得狂名。及居官，则又曲尽情伪，屡塞众望⑤。官潍县时，岁歉，人相食。燮大兴修筑，招远近饥民赴工就食；籍⑥邑中大户，令开厂煮粥轮饲之。有积粟责其平粜，活者无算。

(选自《清史·郑燮传》)

注释：

①饶：多。

②落拓（luò tuò）：豪放，不受拘束。

③禅宗尊宿及期门子弟：禅宗，指大乘佛教在中国的一个派别；尊宿，指年老而有名望的高僧；期门，汉朝时官名，本文中"期门子弟"指京城八旗子弟。

④臧否（zāng pǐ）：评论。

⑤曲尽情伪：仔细搞清事情真伪。餍（yàn）塞众望：满足百姓期望。

⑥籍：登记。

【文意疏通】

郑燮，字克柔，是江苏兴化人。他于乾隆元年考中进士，担任山东范县的知县，后来调任到潍县，因为请求救济受难百姓违背了大官的意思，以病请辞。郑燮年少聪颖，读书很有见地，总能得出一些与众不同的见解。他家中贫困，性格豪放不受拘束，喜爱与禅宗高僧和一些京城的八旗子弟交往，同他们一起评论人物，因此得了个狂妄的名声。等到他做了官，却又竭尽真情，满足回报百姓的期望。郑燮在潍县做官时，有一年歉收，百姓相食。他带领百姓大兴建筑，召集远近的百姓来工地做工吃饭；他登记县里的大户人家，让他们轮流煮粥给百姓吃。如有人家有积聚的粮食则要求他们以平价卖出，潍县的百姓就这样被救活的不计其数。

【义理揭示】

郑板桥是"扬州八怪"之一。他堪称"书画双绝"，不管写字还是绘画都独树一帜，不落前人窠臼。他品行高洁，对当时盛行于官场的卑污、奸恶、趋炎附势、奉承等作风深恶痛绝。可见，虽以"怪"著称，但怪的并不是郑板桥的为人，而是他独特的艺术造诣和与世不符的洁身自好的品行。他怪在不怕忤逆上官、得罪富绅大户，不怕自己仕途前景黯淡，只要顺应自己的济世振民之心，只求对得起天地良心，在父母官位上问心无愧。虽然郑板桥做官的名气不如其书画的名气显达，但他救助一方百姓的善举依然流芳百世，为世人铭记。

文化倾听

俗话说，"志不立，天下无可成之事"。志是人们生存于天地之间的抱负，也是人们在社会生活中立身处世、建功立业的根基。千百年来，不同出身的有识之士在各自不同的时期都曾立下式样不一的志向和抱负，并且在各自志向的指引和激励下做出了有利于国家和民族的伟业，同时也成就了自己。在中华民族千万优秀儿女的志向中，很多安邦定国、以天下为己任的济世之志流传至今，激励了一代又一代人。

中华儿女的济世志向深受儒家传统思想的影响。修身齐家治国平天下的宏远志向和"穷则独善其身，达则兼善天下"的儒家传统观念，无论哪个朝代，在志士仁人读书人群体中都有着深远的影响。因为在历朝历代，"济世"不仅是文人士大夫的宏远抱负，更是统治者安定天下维护统治的利器，同时济世安民也是在关注民生、关注社会传统意识的熏染下逐渐形成的。

兼济天下、济世济民的宏远志向是积极入世的表现。中华民族

第四章 济世之志

向来有"志当存高远"的优良传统。有志之士不仅从小就立下雄伟壮志,而且即使身处逆境也会自强不息、顽强拼搏,而不会随波逐流自甘沉沦。匡世救民报国的志向成为他们坚定走出困境、破除险阻的精神支柱。生性耿直的屈原虽遭受流放,但是为了心中的理想和拯救楚国于危难之中的目的,他不甘与奸佞同流合污。他的名言"路漫漫其修远兮,吾将上下而求索"也成为无数后世之人励志的座右铭。身处乱世的曹操也没有自暴自弃,他的"老骥伏枥,志在千里。烈士暮年,壮心不已"不仅透露出自强不息的豪迈气概,更展现出了锐意进取、积极入世的精神面貌。

立志济世、以天下为己任展现出了中华民族传统思想认识中的社会责任感和历史使命感。有志之士不仅会期盼国泰民安的大同世界,而且还会自觉行动起来积极参与到国家富强民族兴旺的事业中去。鲁迅曾经说过:"自古以来,我们就有埋头苦干的人,有拼命硬干的人,有为民请命的人,有舍身求法的人……这就是中国人的脊梁!"范仲淹以天下为己任,"先天下之忧而忧,后天下之乐而乐";辛弃疾醉里挑灯看剑,通过想象来慨叹现实,表现内心的远大抱负;张载"为天地立心,为生民立命,为往圣继绝学,为万世开太平",为后世留下了宝贵的精神财富。他们怀着强烈的民族意识和社会责任感,在实现理想的过程中恪守节操,自觉维护国家利益和民族尊严,显现出了以身报国的浩然正气和强大的民族凝聚力。

立志济世报国也是实现个人人生价值的一种方式。在优秀的民族文化传统的影响下,在积极的人生价值观的激励下,志士仁人倾其所有竭其所能为国为民效力,有些人甚至为了心中的济世之志而舍生取义、杀身成仁,献身于民族兴旺和国家富强的大业。因为他们早已将济世救民报国视为自己毕生奋斗追求的崇高理想和实现自己人生价值的伟大抱负。在这种观念指引下,陈蕃少小立志"大丈夫处世,当扫除天下";祖逖以坚定的信念立志报国,以乐观的态度闻鸡起舞,成就奋发图强的报国佳话。不仅如此,为了心中的济世之志而奋斗终生的人历史上也层出不穷。大禹为了治水救民将个人家事置之度外,甚至"三过家门而不入",成为历代名臣贤相效仿的楷模;诸葛亮毕其一生为蜀汉的兴盛努力,"鞠躬尽瘁,死而后已";周恩来以"为中华之崛起而读书"为信条,为中华民族的伟大复兴日夜奔波。从他们身上我们看到了支撑中华民族这座大厦巍然屹立的精神脊梁!同时,他们的济世报国志也让他们成就了自己,成为后世继承学习的榜样。

在数千年的历史长河中,历朝历代满怀报国济世志向的仁人志士尽管受到所处时代、群体等观念的影响,或将对一朝君王的愚忠视为对国家、对民族的大义而恪守终生;或受夷夏观念的束缚,带上了狭隘的地域、民族色彩;有些甚至还在救国救民济世安邦的过程中夹杂着光宗耀祖的个人门庭私念。但是,他们表现出来的为国为民的爱国情操和义无反顾的献身精神,却如影随形地伴随着我们中华民族发展前进的步伐而世代相传。这些闪耀进取精神和智慧光芒的济世之志,在中华民族传统传承中始终充斥着勃勃生机,随时代的脉搏而跳动。

文化传递

济世英灵冯理达生前最爱回忆的幼年纪事,就是父亲冯玉祥教她看星星的情景："找到北极星，就不会迷路。"60年来，爱国将领冯玉祥的人格和遗训就像高悬的北极星，成为她人生之路的参照。怀有济世之志的冯理达无意成为与父亲争辉的恒星。也许，她更像彗星：周而复始的忙碌、燃烧、消耗、用最后的力气迸出最后的绚丽。

冯理达是新中国成立后赴苏学习的第一批留学生。在列宁格勒医学院她攻读的是免疫学专业。

为了纪念十月革命胜利40周年，列宁格勒市政府要消灭肆虐已久的白喉病。冯理达怀着济世之志在西医治疗的基础上，辅助针灸和中药，最终取得了成功。当攻克长期困扰市民难题的消息传开后，苏联的各大媒体争相对冯理达进行报道。冯理达还用小小的银针，治愈了列宁格勒市卫生部长女儿的脑炎后遗症。当苏联当局真诚挽留这位有济世之能的医生时，冯理达婉言谢绝了。

"报国"是将门父女间血脉相承的情怀。冯理达曾说："我要用学到的知识报效祖国。"学成之后，她在数十年间曾到30多个国家讲学。有很多次外国专家邀请她在国外发展。对此，她总是微笑回答道："科学没有国界，但科学家有自己的祖国，我是中国人，我要为我的祖国贡献力量。"

50岁时，冯理达被批准入党。听到这个消息后，眼泪瞬间从她眼眶中涌出。她兴奋地呆住了。她在日记本上如此写道："生我者是母亲，育我者是党，做了党的人，就要为党的事业奉献自己的一生。"

冯理达身边有一些人不理解。还有人问她："您都50岁了，还入什么党啊？"对此，她回答说："我母亲是62岁入的党。我现在一点都不老。入了党，可以更好地为国家作贡献。"

其实，冯理达的入党心愿也是对父亲冯玉祥的告慰。1948年归国途中，冯玉祥曾经感慨地说："回国以后，我愿意到解放区，像小学生一样从头做起。"全家人牢牢记住这句遗言。

冯理达是一个充满责任感的人。在她83个人生年轮中，"责任"二字深深烙在她的心里，印在她的行动上。她一生都用行动去实现她的济世之志。作为社会活动家，冯理达尽其所能传递着对社会的责任。

20世纪90年代初，河北省张家口发生地震，得知灾情后，冯理达第二天就向张家口市民政局寄去1000元；一个建军节前夕，冯理达到解放军某炮兵团给官兵讲课时，看到学习室缺两台显示器，立刻拿出2000元钱；司机陈昌进家里经济困难，哥哥上学掏不起学费，冯理达就每月给他家里寄去600元……几十年来，冯老给贫困山区孩子买书本，给灾区老百姓捐钱捐物，不知道花了多少钱。

因年龄问题而从领导职务上退下来的冯理达，继续用行动践行着她的济世之志。她是"和平天使"，利用自己独特的身份，热心推动两岸民间交往，为促进祖国统一尽心尽力；她是"健康天使"，运用专业知识和研究成果，到处给老人们传授养生之道；她还是弱势群体的"知心奶奶"，下农村、进工厂，拿出一份份关于农民工及其子女问题的调研报告。

2008年2月8日，冯理达不幸去世。去世后的很长一段时间里，人们的思绪还停留在那个寒冷的早春，她济世报国救人的事迹还被人们广为传颂。

文化感悟

1. "济世"不只是一种崇高的理想,也是炎黄子孙一直在身体力行的传统。鲁迅先学矿务,后改医学,最后又弃医从文;周恩来年少就有"为中华之崛起而读书"的志向;青年毛泽东"指点江山,激扬文字",抒写出"到中流击水,浪遏飞舟"的壮志豪情。他们在各自的领域取得了卓越的成就,这都源于他们内心的济世之志。读了上述选文,你有何感想?

2. 有人说,济世安民似乎离我们太遥远,莫不如做一些身边的具体事。其实,济世安民不仅可以是宏远的理想,也可以是时刻发生在我们身边的小事。比如老百姓对周边生态环境的关注与保护就是济世之心的表现。从小事做起,你还想到了哪些济世行为?

第五章　山水之趣

文化典籍

一　洪波涌起

【原文选读】

东临碣石①，以观沧海。
水何澹澹②，山岛竦峙③。
树木丛生，百草丰茂。
秋风萧瑟④，洪波⑤涌起。
日月之行，若⑥出其中；
星汉灿烂，若出其里。
幸甚至哉⑦，歌以咏志⑧。

（选自三国·曹操《观沧海》）

注释：

①临：登上，有游览的意思。碣（jié）石：山名，即碣石山，在现在山东

省滨州市无棣县。

②何：多么。澹澹（dàn dàn）：水波摇动的样子。

③竦峙（sǒng zhì）：高高耸立。竦：通"耸"，高。

④萧瑟：草木被秋风吹的声音。

⑤洪波：汹涌澎湃的波浪。

⑥若：如同，好像是。

⑦幸甚至哉：真是庆幸。幸：庆幸。甚：极点。至：非常。

⑧歌以咏志：以歌表达心志或理想。咏：歌吟。咏志：即表达心志。志：理想。

【文意疏通】

东行登上碣石山，来观览大海。

海水多么宽阔浩荡，山岛高高地挺立在海边。

树木和百草一丛一丛的，十分繁茂。

秋风吹动树木发出悲凉的声音，海中翻腾着巨大的波浪。

太阳和月亮的运行，好像是从这浩瀚的海洋中出发的。

银河星光灿烂，好像是从这浩淼的海洋中产生的。

真是幸运啊，就用诗歌来表达心志吧。

【义理揭示】

《观沧海》是建安时期写景抒情的名篇。诗人通过登高览胜，用饱蘸浪漫主义激情的大笔，热情勾勒出大海吞吐日月、包蕴万千的壮丽景象和生机勃勃的山岛树木，抒发了自己气吞山河的豪情壮志。诗人在描绘祖国河山的雄伟壮丽时，既刻画出高山大海的动人形象，也借此表达了诗人胸怀天下的进取精神。

二 清流激湍

【原文选读】

永和九年，岁在癸丑，暮春①之初，会②于会稽③山阴④之兰亭，修禊⑤事也。群贤毕⑥至，少长咸集。此地有崇山峻岭⑦，茂林修竹⑧，又有清流激湍⑨，映带左右⑩，引以为流觞曲水⑪，列坐其次⑫，虽无丝竹管弦之盛⑬，一觞一咏⑭，亦足以畅叙幽情⑮。是日也，天朗气清，惠风⑯和畅。仰观宇宙之大，俯察品类⑰之盛，所以⑱游目骋怀，足以极⑲视听之娱，信⑳可乐也。

(选自东晋·王羲之《兰亭集序》)

注释：

①暮春：阴历三月。暮：晚。

②会：集会。

③会（kuài）稽：郡名，包括今浙江西部、江苏东南部一带地方。

④山阴：今浙江绍兴。

⑤修禊（xì）：古代习俗，于阴历三月上旬的巳日（魏以后定为三月三日），人们群聚于水滨嬉戏洗濯求福。实际上这是古人的一种游春活动。

⑥毕：全，都。

⑦崇山峻岭：高峻的山岭。

⑧修竹：高高的竹子。修：长，这里指高高的样子。

⑨激湍：流势很急的水。

⑩映带左右：辉映点缀在亭子的周围。映带：映衬、围绕。

⑪流觞（shāng）曲（qū）水：用漆制的酒杯盛酒，放入弯曲的水道中任其漂流，杯停在某人面前，某人就引杯饮酒。这是古人一种劝酒取乐的方式。

⑫列坐其次：列坐在曲水之旁。列坐：排列而坐。次：旁边，水边。
⑬丝竹管弦之盛：演奏音乐的盛况。盛：盛大。
⑭一觞一咏：喝着酒作着诗。
⑮幽情：幽深内藏的感情。
⑯惠风：和风。
⑰品类：指自然界的万物。
⑱所以：用来。
⑲极：穷尽。
⑳信：实在。

【文意疏通】

　　永和九年，正值癸丑，暮春三月上旬的巳日，我们在会稽郡山阴县的兰亭集会，举行禊饮之事。此地德高望重者无不到会，老少济济一堂。兰亭这地方有崇山峻岭环抱，林木繁茂，竹篁幽密，又有清澈湍急的溪流，如同青罗带一般映衬在左右，引溪水为曲水流觞，列坐其侧，即使没有管弦合奏的盛况，只是饮酒赋诗，也足以令人畅叙胸怀。这一天，晴明爽朗，和风习习，仰首可以观览浩大的宇宙，俯身可以考察众多的物类，纵目游赏，胸襟大开，极尽耳目视听的欢娱，真可以说是人生的一大乐事。

【义理揭示】

　　作者以饱含感情的笔触，记叙了兰亭聚会的盛况，描写了兰亭的环境之美和文人的宴游之乐。文章先是点明聚会的时间、地点和缘由，接着又介绍了与会之人，随后以极其简洁的用语将兰亭周边的环境描写得极富诗情画意。在写景的基础上，作者顺笔引出临流赋诗，此时此地良辰美景，令人感觉完全可以摆脱世俗的苦恼，尽情地享受自然美景。段尾"信可乐也"将作者对自然山水的热爱推向高潮,自然清新,毫无斧凿痕迹。

三 山气日夕佳

【原文选读】

结庐在人境①,而无车马喧②。
问君何能尔③?心远地自偏。
采菊东篱下,悠然见南山④。
山气日夕佳⑤,飞鸟相与⑥还。
此中有真意⑦,欲辨已忘言⑧。

(选自东晋·陶渊明《饮酒》)

注释:

①结庐:构筑房舍。人境:人聚居的地方。

②车马喧:车马的喧闹声,这里指没有世俗的交往。

③尔:如此、这样。

④悠然:自得的样子。南山:即庐山。

⑤山气:山间景色。日夕:傍晚。佳:美好。

⑥相与:相伴。

⑦真意:人生的真正意义。

⑧辨:辨识。言:用言语表达。

【文意疏通】

住在众人聚居的地方,但却没有世俗交往的纷扰。

请问先生为什么能做到这样呢?自己的精神超凡脱俗,地方也

就变得偏僻安静了。

在东边的篱笆下采摘菊花,无意中看见了庐山。

傍晚山色秀丽,鸟儿结伴飞回山林。

这里边有隐居生活的真正意趣,想说出来,却早就忘了该怎样用语言表达。

【义理揭示】

本诗是陶渊明组诗《饮酒》二十首中的第五首。这首诗的趣味全在一偶然无心上。"采菊东篱下,悠然见南山"所表达的是偶然兴味,东篱有菊,偶然采之;而南山之见,亦是偶尔凑趣。这种偶然的情趣,正是诗人生命自我敞亮之时其空明无碍的本真之境的无意识投射。陶渊明通过《饮酒》表达出自己内心悠然自得、寄情山水的情怀。

四 青霭入看无

【原文选读】

太乙①近天都②,连山接海隅③。

白云回望合,青霭④入看无。

分野中峰变,阴晴众壑⑤殊。

欲投人处⑥宿,隔水问樵夫。

(选自唐·王维《终南山》)

注释:

①太乙:又名太一,秦岭之一峰。

②天都：天帝所居，这里指帝都长安。
③海隅（yú）：海边。
④青霭（ǎi）：山中深绿色的云气。霭：云气。
⑤壑（hè）：山谷。
⑥人处：有人烟处。

【文意疏通】

巍巍的太乙山临近长安城，山连着山连绵不尽蜿蜒延伸到海边。

人行白云中回头看不见来路，走进迷茫的山中却又看不见云气。

中央主峰把终南山东西隔开，各山间山谷阴晴多变都与众不同。

想在山中找个人家去投宿，还须隔着溪水向那樵夫问询。

【义理揭示】

苏东坡评价王维的诗"诗中有画"，这首《终南山》可堪典范之作。首联远眺终南山，先用夸张手法勾画了终南山的总轮廓，接着写近景，写诗人身在终南山中，云雾弥漫，看不真切。第三联又高度概括，尺幅万里，立足于"中峰"收全景于眼底，最后诗人又寻声问询，为我们留下了驰骋想象的广阔天地。不难看出，诗作中流露出诗人对自然山水的热爱。

五 日照香炉生紫烟

【原文选读】

日照香炉①生紫烟②,遥看③瀑布挂前川④。

飞流直下三千尺,疑是银河⑤落九天⑥。

(选自唐·李白《望庐山瀑布》)

注释:

①香炉:指香炉峰。

②紫烟:指日光透过云雾,远望如紫色的烟云。

③遥看:从远处看。

④川:河流,这里指瀑布。

⑤银河:又称天河。古人指银河系构成的带状星群。

⑥九天:古人认为天有九重,九天是天的最高层,此处指天空的最高处。

【文意疏通】

太阳照射的香炉峰生起紫色烟雾,远远看去,瀑布像匹白绢挂在你的前面。

瀑布从高崖上飞一样地腾空直落,好像有三千尺长,让人恍惚以为那是银河从九天倾泻到了人间。

【义理揭示】

本诗以描写抒情为主,通过对自然景色的描写,表达出诗人对祖国山河的热爱。诗风雄奇豪放,想象丰富,语言流转自然,音律和谐多变。"日照香炉生紫烟",写出香炉峰的奇丽,为瀑布勾勒出一幅壮美隽秀的图画。"遥看瀑布挂前川"中的"挂"字，化动为静，突现了远望中瀑布的静态感，把遥望中庐山瀑布的形象展现在读者的面前。"飞流直下三千尺"则把瀑流之湍急、冲力之猛烈、声势之宏大，展现于读者眼前。

六 直出浮云间

【原文选读】

西上太白峰[1]，夕阳穷[2]登攀。
太白[3]与我语，为我开天关[4]。
愿乘泠风[5]去，直出浮云间。
举手可近月，前行若无山。
一别武功[6]去，何时复更还？

(选自唐·李白《登太白峰》)

注释：

[1]太白峰：即太白山。在今陕西眉县、太白县一带。山峰极高，常有积雪，南与武功山相连。

[2]穷：尽，这里是到顶的意思。

[3]太白：指太白金星。这里喻指仙人。

[4]天关：古星名，又名天门。这里指天宫之门。

[5]泠（líng）风：和风。

[6]武功：武功山，在今陕西武功县南。

【文意疏通】

西出长安，夕阳下山我登山，连夜攀登武功太白峰。

遇到太白金星老仙人，他为我打开了天门。

我愿意和他一起乘风驾雾，直破浮云，进入天堂。

手一举就可以抚摸到月亮，前面是茫茫云海，看不到其他的山。

武功山，此时一别，何时再会？我会把你印在我心上。

【义理揭示】

李白应诏入京时，可谓踌躇满志。但是，由于朝廷昏庸，权贵排斥，他的政治抱负根本无法实现，这使他感到无比惆怅与苦闷。《登太白峰》一诗既写出了太白峰的壮美，也反映出李白此时的心情。一开头诗人就从侧面烘托出太白山的雄峻高耸。诗人登上高山之后，浮想联翩，仿佛听到太白星对他倾诉衷情。在这里，李白并没有直接刻画太白峰的高峻雄伟，只是写他和太白星侧耳倾谈，悄语密话的情景，就生动鲜明地表现出太白山高耸入云的雄姿，艺术构思新颖，充满积极浪漫主义精神。诗人想象新颖活泼，富有情趣。尾句"何时复更还？"细致地表达了他那种欲去还留，既出世又入世的微妙复杂的心理状态，言有尽而意无穷，蕴藉含蓄，耐人寻味。

七 造化钟神秀

【原文选读】

岱宗①夫如何？齐鲁青未了。

造化②钟③神秀，阴阳割④昏晓。

荡胸生层云⑤，决眦⑥入归鸟。

会当⁷凌绝顶，一览众山小。

(选自唐·杜甫《望岳》)

注释：

①岱宗：泰山别名岱山，因居五岳之首，故尊为岱宗。
②造化：指天地、大自然。
③钟：聚集。
④割：分割。
⑤层云：云气层层叠叠，变化万千。
⑥决眦（zì）：形容极力张大眼睛远望，眼眶像要决裂开了。眦：眼眶。
⑦会当：一定要。

【文意疏通】

泰山是如此雄伟，青翠的山色望不到边际。

大自然在这里凝聚了一切钟灵神秀，山南山北如同被分割为黄昏与白昼。

望着山中冉冉升起的云霞，荡涤着我的心灵，极目追踪那暮归的鸟儿隐入了山林。

我一定要登上泰山的顶峰，俯瞰那众山，而众山就会显得极为渺小。

【义理揭示】

《望岳》是现存杜诗中年代最早的一首。诗人在泰山脚下，通过远眺描绘出了泰山雄伟磅礴的气象，抒发了诗人博大的胸怀和向往登上绝顶的雄心壮志。全诗写泰山景色，前四句感叹泰山地域辽阔、山势磅礴，后四句转入抒情，以博大之胸怀和壮丽之景象相互

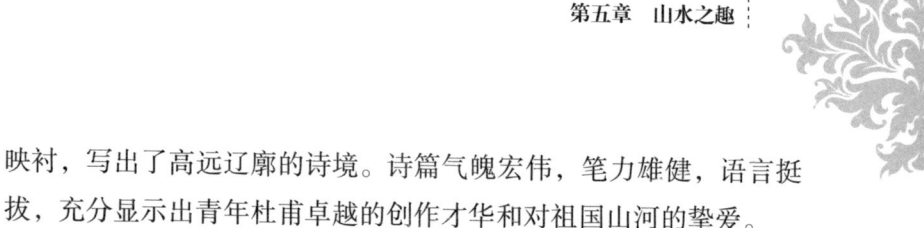

映衬,写出了高远辽廓的诗境。诗篇气魄宏伟,笔力雄健,语言挺拔,充分显示出青年杜甫卓越的创作才华和对祖国山河的挚爱。

八 似与游者相乐

【原文选读】

从小丘①西行百二十步,隔篁竹②,闻水声,如鸣佩环③,心乐之。伐竹取道,下见小潭,水尤清洌④。全石以为底,近岸,卷石底以出⑤,为坻,为屿,为嵁,为岩⑥。青树翠蔓,蒙络摇缀,参差披拂。

潭中鱼可百许头⑦,皆若空⑧游无所依。日光下澈⑨,影布石上,佁然⑩不动;俶尔⑪远逝,往来翕忽⑫,似与游者相乐。

(选自唐·柳宗元《小石潭记》)

注释:

①小丘:小山,在小石潭东面。

②篁(huáng)竹:竹林。篁:竹林,泛指竹子。

③如鸣佩(pèi)环:好像人身上佩戴的玉佩玉环相碰发出的声音。鸣:发出声响。佩、环:都是玉质装饰品。

④水尤清洌(liè):潭水格外清凉,清澈。尤:格外,特别。清:清澈。洌:凉。

⑤卷(quán)石底以出:石底有部分翻卷过来,露出水面。卷:弯曲。

⑥为坻(chí),为屿(yǔ),为嵁(kān),为岩:成为坻、屿、嵁、岩等各种不同的形状。坻:水中高地。屿:小岛。嵁:不平的岩石。岩:高出水面较大而高耸的石头。

⑦可百许头:大约有一百来条。可:大约。许:用在数词后表示约数。

⑧空：在空中。

⑨日光下澈（chè）：阳光直照到水底。下：向下照射。澈：透过。

⑩佁（yǐ）然：呆呆的样子。

⑪俶（chù）尔：忽然。远：遥远，空间距离大。

⑫往来翕（xī）忽：来来往往轻快敏捷。翕忽：轻快敏捷的样子。

【文意疏通】

从小土丘往西走约一百二十步，隔着竹林，听到水声，好像挂在身上的玉佩、玉环相互碰撞的声音，心里很是高兴。于是砍伐竹子，开出一条道路，下面显现出一个小小的水潭，潭水特别清凉。潭以整块石头为底，靠近岸边，石底向上弯曲，露出水面，像各种各样的石头和小岛。青葱的树木，翠绿的藤蔓，遮掩缠绕，摇动下垂，参差不齐，随风飘动。

潭中大约有一百条鱼，都好像在空中游动，没有什么依靠似的。阳光往下一直照到潭底，鱼儿的影子映在水底的石上。鱼儿呆呆地静止不动，忽然间又向远处游去，来来往往，轻快敏捷，好像跟游人逗乐似的。

【义理揭示】

《小石潭记》是《永州八记》中的经典名篇。全文不足二百字，却清晰地记述了作者出游、游览、返回的全过程，不仅以优美的语言描写出"小石潭"的景色，更含蓄地抒发了作者被贬后无法排遣的忧伤凄苦的感情。本文寂寥清幽，形似写景，实则写心，虽处处写景，但又处处流露出作者的主观情感。寓情于景，情景交融是本文的一大特点，是一篇声情并茂、极富诗情画意的山水佳作。

九 山水之乐，得之心而寓之酒也

【原文选读】

环滁皆山也。其西南诸峰，林壑①尤美。望之蔚然②而深秀者，琅琊③也。山行六七里，渐闻水声潺潺而泻出于两峰之间者，酿泉也。峰回路转，有亭翼然④临于泉上者，醉翁亭也。作亭者谁？山之僧智仙也。名之者谁？太守自谓也。太守与客来饮于此，饮少辄醉，而年又最高，故自号曰"醉翁"也。醉翁之意不在酒，在乎山水之间也。山水之乐，得之心而寓之酒也。

若夫日出而林霏⑤开，云归⑥而岩穴暝，晦明变化者，山间之朝暮也。野芳⑦发而幽香，佳木秀而繁阴⑧，风霜高洁，水落而石出者，山间之四时也。朝而往，暮而归，四时之景不同，而乐亦无穷也。

至于负者歌于途，行者休于树，前者呼，后者应，伛偻提携⑨，往来而不绝者，滁人游也。临溪而渔，溪深而鱼肥；酿泉为酒，泉香而酒洌；山肴野蔌⑩，杂然而前陈⑪者，太守宴也。宴酣之乐，非丝非竹，射⑫者中，弈者胜，觥筹⑬交错，起坐而喧哗者，众宾欢也。苍颜白发，颓然⑭乎其间者，太守醉也。

(选自北宋·欧阳修《醉翁亭记》)

注释：

①壑（hè）：山谷。

②蔚然：草木茂盛的样子。

③琅琊（láng yá）：山名，在滁州西南。

④翼然：像鸟展翅。

⑤林霏：林中雾气。

⑥云归：指云雾聚集。

⑦芳：指花。

⑧繁阴：浓郁的树荫。

⑨伛偻（yǔ lǚ）：弯腰曲背，指老年人。提携：搀扶牵引，指小孩。

⑩山肴：野味。蔌：蔬菜。

⑪陈：陈列。

⑫射：指投壶，以箭投壶的游戏。

⑬觥（gōng）：犀牛角做的酒杯。筹：记饮酒数的筹码。

⑭颓然：醉酒无精神的样子。

【文意疏通】

环绕滁州城的都是山。它西南方向的几座山峰，树林和山谷尤其优美。一眼望去树木茂盛，又幽深又秀丽的，那是琅琊山。沿着山路走六七里，渐渐听到潺潺的水声，看到流水从两座山峰之间倾泻而出的，那是酿泉。山势回环，路也跟着转弯，一座四角翘起像鸟张开翅膀一样的亭子，高踞于泉水之上，那就是醉翁亭。建造这亭子的是谁呢？是山上的僧人智仙。给它取名的又是谁呢？太守用自己的别号醉翁来命名。太守和他的宾客们来这儿饮酒，只喝一点儿就醉了，而且年纪又最大，所以自号"醉翁"。醉翁的情趣不在于喝酒，而在欣赏山水的美景。欣赏山水的乐趣，领会在心里，寄托在喝酒上。

像那太阳升起的时候，树林里的雾气散了，烟云聚拢来，山谷就显得昏暗了，或暗或明，变化不一，这就是山中早晚的景象啊。野花开了，有一股清幽的香味，俊秀的树木枝繁叶茂，形成一片浓

郁的绿荫,天高气爽,水面下降,隐石现出,这就是山中的四季啊。清晨前往,黄昏归来,四季的景色不同,乐趣也是无穷无尽的啊。

至于背着东西的人在路上欢唱,来去行路的人在树下休息,前面的招呼,后面的应答,老人弯着腰走,小孩子由大人领着走,来来往往不断的行人,是滁州人在游玩。靠近溪边钓鱼,溪水深并且鱼肉肥美;用酿泉造酒,泉水香并且酒清;野味野菜,杂乱地摆在面前的,那是太守的宴席。宴会喝酒的乐趣,不在于音乐;投射的中了,下棋的赢了,酒杯和酒筹交互错杂,时起时坐大声喧闹的人,是欢乐的宾客们。一个脸色苍老头发花白的老人,醉醺醺地坐在众人中间,是太守喝醉了。

【义理揭示】

《醉翁亭记》饶有诗情画意,别具清丽格调,是不可多得的优美散文。本文抓住一个"乐"字,围绕着"醉"中之"乐"联缀起多幅画面。在作者笔下,醉翁亭的远近左右是一张山水画。有山,有泉,有林,有亭,各尽其美,又多样统一。极言山水相映之美后,作者又通过细微的观察和描绘写出了醉翁亭朝暮变化之美、四季变幻之美和动静对比之美,将山光、水色、人情、醉态融于一文,使文章散发出勃勃生机。

十 微波入焉

【原文选读】

元丰七年六月丁丑,余自齐安舟行适临汝[①],而长子迈将赴[②]

饶之德兴尉，送之至湖口，因得观所谓石钟者。寺僧使小童持斧，于乱石间择其一二扣之，硿硿焉③，余固笑而不信也。至莫夜④月明，独与迈乘小舟，至绝壁下。大石侧立千尺，如猛兽奇鬼，森然欲搏人；而山上栖鹘⑤，闻人声亦惊起，磔磔⑥云霄间；又有若老人咳且笑于山谷中者，或曰此鹳鹤也。余方心动⑦欲还，而大声发于水上，噌吰⑧如钟鼓不绝。舟人⑨大恐。徐而察之，则山下皆石穴罅⑩，不知其浅深，微波入焉，涵澹澎湃⑪而为此也。舟回至两山间，将入港口，有大石当中流⑫，可坐百人，空中⑬而多窍，与风水相吞吐，有窾坎镗鞳⑭之声，与向⑮之噌吰者相应，如乐作焉。因笑谓迈曰："汝识⑯之乎？噌吰者，周景王之无射也；窾坎镗鞳者，魏庄子之歌钟也。古之人不余欺⑰也！"

（选自北宋·苏轼《石钟山记》）

注释：

①适临汝：到临汝去。适：往。临汝：即汝州，今河南临汝。

②赴：这里是赴任、就职的意思。

③硿硿（kōng）焉：硿硿地发出响声。

④莫（mù）夜：晚上。莫：通"暮"。

⑤栖鹘（hú）：宿巢的老鹰。

⑥磔（zhé）磔：鸟鸣声。

⑦心动：这里是心惊的意思。

⑧噌吰（chēng hóng）：这里形容钟声洪亮。

⑨舟人：船夫。

⑩罅（xià）：裂缝。

⑪涵澹澎湃：波浪激荡。

⑫当中流：正对着水流的中心。

⑬空中：中间是空的。
⑭窾坎镗鞳（kuǎn kǎn tāng tà）：形容水石相击的声音。窾坎：击物声。镗鞳：钟鼓声。
⑮向：先前。
⑯识：知道。
⑰不余欺：没有欺骗我。

【文意疏通】

元丰七年六月初九，我从齐安坐船到临汝去，大儿子苏迈将要去就任饶州德兴县的县尉，我送他到湖口，趁此能够观察所说的"石钟"。庙里的和尚叫小童拿着斧头，在乱石中间选一两处敲打它，硿硿地发出声响，我就是笑，不相信。到了晚上，月光明亮，我和苏迈坐着小船来到绝壁下面。巨大的山石竖立着，有千尺，好像凶猛的野兽和奇异的鬼怪一样，阴森森地想要向人扑去；山上宿巢的老鹰，听到人声也受惊飞起来，在高空中发出磔磔的鸟鸣声；又有像老人在山谷中边咳边笑的声音，有人说这是鹳鹤。我正心惊想要回去，忽然巨大的声音从水上发出，声音洪亮像钟鼓声连续不断。船夫很惊恐。我慢慢地观察，山脚下都是大大小小的洞穴和裂缝，不知它们的深度，细微的水波涌进洞穴和裂缝，波浪激荡便形成这种声音。船绕到两山之间，将要进入支流口，有块大石头挡在水流的中心，上面可坐百人，中间是空的，而且有许多窟窿，把风浪吞进去又吐出来，发出窾坎镗鞳的声音，同先前噌吰的声音相互应和，好像音乐演奏。因此我笑着对苏迈说："你知道那些典故吗？那噌吰的响声，是周景王无射钟的声音；窾坎镗鞳的响声，是魏庄子歌钟的声音。古人没有欺骗我啊！"

【义理揭示】

本段文字，苏轼详尽地叙写了夜游石钟山的所见所闻。文中写山石如猛兽奇鬼，写栖鹘听到人声后"磔磔云霄间"，写鹳鹤像老人一样在山谷中边咳边笑，营造出寂静恐怖的氛围。可见，到石钟山下亲历游览是极其艰难的。而苏轼却能亲身探访考察，这种精神实在难能可贵。正是由于亲力亲为，苏轼才找寻到石钟山得名的由来。可见，自然山水不仅能够给人愉悦，而且能够给人哲理等方面的启迪。

十一 月出于东山之上

【原文选读】

壬戌①之秋，七月既望②，苏子与客泛舟游于赤壁之下。清风徐来，水波不兴③。举酒属④客，诵明月之诗，歌窈窕之章。少焉⑤，月出于东山之上，徘徊于斗牛之间。白露横江⑥，水光接天。纵一苇之所如⑦，凌万顷⑧之茫然。浩浩乎如冯虚御风⑨，而不知其所止；飘飘乎如遗世⑩独立，羽化而登仙。

于是饮酒乐甚，扣舷⑪而歌之。歌曰："桂棹兮兰桨⑫，击空明兮溯流光⑬。渺渺⑭兮予怀，望美人⑮兮天一方。"

（选自北宋·苏轼《前赤壁赋》）

注释：

①壬戌（rén xū）：即宋神宗元丰五年，岁次壬戌。

②既望：农历每月十六日。望：农历每月十五日。

③兴：起，作。

④属（zhǔ）：通"嘱"，劝酒。

⑤少焉：一会儿。

⑥白露：白茫茫的水气。横江：笼罩江面。

⑦纵：任凭。一苇：比喻极小的船。如：往。

⑧凌：越过。万顷：极为宽阔的江面。

⑨冯（píng）虚御风：乘风腾空而遨游。冯虚：凭空，凌空。冯：通"凭"。虚：太空。御：驾驭。

⑩遗世：离开尘世。

⑪扣舷（xián）：敲打着船边，指打节拍。

⑫桂棹（zhào）兮兰桨：用兰、桂香木制成的船桨。

⑬空明：月亮倒映水中的澄明之色。溯：逆流而上。流光：在水波上闪动的月光。

⑭渺渺：悠远的样子。

⑮美人：比喻内心思慕的人。

【文意疏通】

壬戌年秋天，七月十六日，我与友人在赤壁下泛舟游玩。清风阵阵拂来，水面波澜不起。举起酒杯向同伴劝酒，吟诵《明月》中"窈窕"这一章。不一会儿，明月从东山后升起，在斗宿与牛宿之间来回移动。白茫茫的雾气横贯江面，水光连着天际。任凭小船漂流到各处，越过那茫茫的江面。前进时就好像凌空乘风而行，并不知道哪里才会停栖，感觉身轻得似要离开尘世飘飞而去，有如道家羽化成仙。

在这时喝酒喝得高兴起来，敲着船边，打着节拍，应声高歌。歌中唱道："桂木做的船棹兰木做的船桨，桨划破月光下的清波啊，船在月光浮动的水面上逆流而上。我的心怀悠远，展望美好的理想,却在天的另一方。"

【义理揭示】

苏轼用秀丽的字句,简明的笔法,写出了当时的时间和清风明月之美,使人置身于诗情画意之中。首段最后一句"浩浩乎如冯虚御风,而不知其所止;飘飘乎如遗世独立,羽化而登仙",写出了作者置身于美景中飘飘欲仙的神态,好像御风飞行,脱离了现实社会,抒发了作者心旷神怡的心情和飘然欲举的超然之乐。至此,情和景达到和谐交融的境地,苏轼游玩之乐达到了高潮。赤壁之下,有清风明月,有山间美景,有水波微澜,如此良辰美景怎能不对酒当歌?于是,对酒扣舷而歌,游兴激诗兴,诗兴伴游兴,情因景生,景以情显,写出了神话般的美妙境界。

十二 郊田之外未始无春

【原文选读】

　　燕①地寒,花朝节②后,余寒犹厉。冻风时作③,作则飞沙走砾。局促一室之内,欲出不得。每冒风驰行,未百步辄④返。

　　廿二日天稍和⑤,偕数友出东直,至满井。高柳夹堤,土膏⑥微润,一望空阔,若脱笼之鹄⑦。于时冰皮始解,波色乍明⑧,鳞浪⑨层层,清澈见底,晶晶然如镜之新开而冷光之乍出于匣也。山峦为晴雪所洗⑩,娟然⑪如拭,鲜妍明媚,如倩女之靧面而髻鬟之始掠⑫也。柳条将舒未舒,柔梢披风,麦田浅鬣寸许⑬。游人虽未盛,泉而茗者,罍而歌者,红装而蹇者⑭,亦时时有。风力虽尚劲,然徒步则汗出浃⑮背。凡曝沙之鸟,呷浪之鳞⑯,悠然自得,毛羽鳞

鬣⑰之间皆有喜气。始知郊田之外未始无春，而城居者未之知也。

夫不能以游堕事⑱而潇然于山石草木之间者，惟此官也。而此地适⑲与余近，余之游将自此始，恶⑳能无纪？己亥之二月也。

(选自明·袁宏道《满井游记》)

注释：

①燕（yān）：指北京地区。

②花朝（zhāo）节：旧时以阴历二月十二日为花朝节。说这一天是百花生日。

③冻风时作（zuò）：冷风时常刮起来。冻风：冷风。作：起。

④辄：就。

⑤稍和：略微暖和。

⑥土膏：肥沃的土地。膏：肥沃。

⑦若脱笼之鹄（hú）：好像是从笼中飞出去的天鹅。

⑧波色乍明：水波开始发出亮光。波色：水波的颜色。乍：初，始。

⑨鳞浪：像鱼鳞似的浪纹。

⑩山峦为晴雪所洗：山峦被融化的雪水洗干净。晴雪：晴空之下的积雪。

⑪娟然：美好的样子。

⑫如倩女之靧（huì）面而髻（jì）鬟（huán）之始掠：像美丽的少女洗了脸刚梳好髻鬟一样。倩女：美丽的女子。靧：洗脸。掠：梳掠。

⑬麦田浅鬣（liè）寸许：麦苗高一寸左右。鬣，兽颈上的长毛，这里形容不高的麦苗。

⑭泉而茗者，罍（léi）而歌者，红装而蹇（jiǎn）者：汲泉水煮茶喝的，端着酒杯唱歌的，穿着艳装骑驴的。茗：茶。罍：酒杯。蹇：这里指驴。泉、茗、罍、蹇都是名词作动词用。

⑮浃（jiā）：湿透。

⑯曝（pù）沙之鸟，呷（xiā）浪之鳞：在沙滩上晒太阳的鸟，浮到水面

戏水的鱼。鳞：这里代指鱼。

⑰毛羽鳞鬣（liè）：泛指一切动物。毛：指虎狼兽类。羽：指鸟类。鳞：指鱼类和爬行动物。鬣：指马一类动物。

⑱堕（huī）事：耽误公事。堕：毁坏、耽误。

⑲适：正好。

⑳恶（wū）：怎么。

【文意疏通】

燕地一带气候寒冷，花朝节过后，严寒的余威还很厉害。冷风时常刮起来，就会沙土飞扬，碎石子乱滚。我被拘束在一间屋子里，想出去却不行。每次顶着风急速行走，没走到一百步就被迫返回了。

二十二日天气略微暖和，我和几个朋友一起从东直门出去，到了满井。高高的柳树长在河堤的两旁，肥沃的土地微微湿润，一眼看过去空阔无际，我好像是从笼中飞出去的天鹅。在这时水面的一层冰开始融化了，水波开始发出亮光，像鱼鳞似的浪纹层层推动，清澈透明，可以看到底，水面亮晶晶的好像镜子新打开，清冷的光突然从镜匣里射出一样。山峦被融化的雪水洗干净，美好的样子像擦拭过一样，鲜艳悦目，像美丽的少女洗了脸刚梳好髻鬟一样。柳条将要舒展却还未舒展，柔软的柳梢在风中散开，麦苗高约一寸。游人虽然不是很多，汲泉水煮茶喝的，端着酒杯唱歌的，穿着艳装骑驴的，也时常有。风力虽然依然猛烈，但是步行却会汗水湿透背。在沙滩上晒太阳的鸟，浮到水面戏水的鱼，安适愉快，自得其乐，一切动物之中都有喜悦的气氛。我才知道郊田的外面未尝没有春天，只是居住在城里的人不知道这一点。

不能因为游玩而耽误公事,心中没有牵挂,悠闲在山石草木之间的人,只有我这个闲官儿了。而这个地方正好和我很近,我将从这里开始游玩,怎能没有记游的文章呢?己亥年的二月。

【义理揭示】

本文记叙了作者游历满井所看到的早春景色,抒发了内心喜悦的心情,同时也表达出作者旷达、乐观的人生态度和厌弃官场、亲近大自然的情怀。在交代了出游时间、地点及行走路线后,作者按游人的观赏习惯由远及近、由面到点一一道来。文章描写生动传神,情景交融。写河水之清澈"晶晶然如镜之新开",写山之明媚"如倩女之靧面而髻鬟之始掠",从"高柳夹堤"一直到大地麦田、"呷浪之鳞",处处散发出早春的勃勃生机。从中可以看出袁宏道乍见郊外早春景色的兴奋和摆脱城中局促的欢欣。而"始知郊田之外未始无春,而城居者未之知也"实际上也反映了作者对城市、官场的厌弃和投身于自然怀抱的欣喜之情。

十三 半山居雾若带然

【原文选读】

及既上,苍山负①雪,明烛天南;望晚日照城郭,汶水、徂徕②如画,而半山居雾若带然③。戊申晦④,五鼓,与子颖坐日观亭,待日出。大风扬积雪击面。亭东自足下皆云漫。稍见云中白若摴蒱⑤数十立者,山也。极天⑥云一线异色,须臾成五采。日上,正赤如丹,下有红光,动摇承之。或曰,此东海也。回视日观以西峰,或得日,或否,绛皓驳⑦色,而皆若偻⑧。亭西有岱祠,又有碧霞元君祠；皇帝行宫在碧霞元君祠东。是日，观道中石刻，自唐显庆以来，其远古刻尽漫失⑨。僻⑩不当道者，皆不及往。

山多石，少土；石苍黑色，多平、方，少圜⑪。少杂树，多松，生石罅⑫，皆平顶。冰雪，无瀑水⑬，无鸟兽音迹。至日观数里内无树，而雪与人膝齐。

（选自清·姚鼐《登泰山记》）

注释：

①负：覆盖。

②徂徕（cú lái）：山名，在泰安东南四十里。

③半山居雾若带然：停留在半山腰的云雾像带子一样。

④晦：农历每月最后一日。

⑤摴蒱（chū pú）：赌博工具，即骰子，俗称色子。

⑥极天：天的尽头，天边。

⑦绛：红色。皓（hào）：白色。驳：杂。

⑧偻（lǚ）：曲背。形容日观峰以西的山峰都低于日观峰，如同弯腰曲背地站着。

⑨漫失：石碑经过风雨剥蚀，字迹模糊不清。漫：磨灭。

⑩僻：偏僻。

⑪圜（yuán）：通"圆"。

⑫石罅（xià）：石缝。

⑬瀑水：瀑布。

【文意疏通】

等到已经登上山顶，只见青山上覆盖着白雪，雪光照亮了南面的天空。远望夕阳映照着泰安城，汶水、徂徕山就像是一幅美丽的

山水画，停留在半山腰处的云雾，又像是一条舞动的飘带似的。戊申这一天是月底，五更的时候，我和子颖坐在日观亭里，等待日出。这时大风扬起的积雪扑面而来。日观亭东面从脚底往下一片云雾弥漫，依稀可见云中几十个白色的像骰子似的东西，那是山。天边云彩形成一条线呈现出奇异的颜色，一会儿又变成五颜六色。太阳升起来了，纯正的红色像朱砂一样，下面有红光晃动摇荡着托着它。有人说，这就是东海。回首观望日观峰以西的山峰，有的照到日光，有的照不到，或红或白，颜色错杂，好像脊背弯曲的样子。日观亭西面有一座东岳大帝庙，又有一座碧霞元君东岳大帝的女儿庙。皇帝的行宫出外巡行时居住的处所就在碧霞元君庙的东面。这一天，还观看了路上的石刻，都是从唐朝显庆年间以来流传下来的，其中那些年代久远的石碑都已经模糊或缺失了。有些偏僻不靠近道路的石刻，都赶不上去看了。

　　山上石头多，泥土少。山石都呈青黑色，大多是平的、方形的，很少有圆形的。杂树很少，多是松树，松树都生长在石头的缝隙里，树顶是平的。冰天雪地，没有瀑布，没有飞鸟走兽的声音和踪迹。日观峰附近几里以内没有什么树木，积雪厚得同人的膝盖一样平齐。

【义理揭示】

　　《登泰山记》是我国文学史上脍炙人口的游记佳作。作者描写了泰山夕照和日出佳景，又综述了诸多名胜古迹，既再现了隆冬时节泰山的壮丽景色，又抒发了作者对祖国山河的热爱赞颂之情。登上泰山之巅后，只见"半山居雾若带然"，这一神来之笔使雪山晚晴图神采顿现，给整幅画面以无限的生机和情趣。

姚鼐的佳作通篇洋溢着作者对祖国大好河山的热爱赞颂之情。文中泰山那雄伟多姿的景色，美不胜言，使人心旷神怡。在姚鼐笔下，隆冬时节风雪弥漫的泰山优美绚丽，毫无冷落萧条之感。

文化倾听

自然山水对中国人的意义非凡。先秦时期，人们就对自然山水怀有敬畏之心，因为他们早已认识到是自然山水孕育了世间万物。在中国历史上，历朝历代无数文人墨客钟爱山水、寄情山水。他们"登山则情满于山，观海则意溢于海"。从自然山水的品读中，他们能够获取生活的真谛、彻悟人生，在自然山水的徜徉中，他们可以宠辱皆忘、甚至于达到忘我之境界。古人对自然山水的热爱体现出他们积极的人生态度和对祖国大好河山的热爱，在政治失意之时寄情山水往往又是他们走出人生苦闷的选择。当然，祖国的山山水水又无处不给文人墨客留下不尽的遐思和智慧的启迪。这些都是我们今天阅读山水之趣而应有的认识和思考。

古人对自然山水的热爱体现了他们积极进取的人生态度。诗仙李白将自己的个性和理想都融入到了自然景物当中，因而他笔下的山川丘壑都带有强烈的感情色彩，当然也体现了他自由不羁、积极进取的精神。所以，他笔下的黄河一泻千里，成"黄河之水天上来，奔流到海不复回"之势；他笔下的长江奔腾咆哮，有"登高壮观天地间，大江茫茫去不还"之感；他笔下的山峰高耸峻拔，"天姥连天向天横，势拔五岳掩赤城"；他笔下的庐山瀑布蔚为壮观，"飞流直下三千尺，疑是银河落九天"。李白将内心的豪情壮志赋予

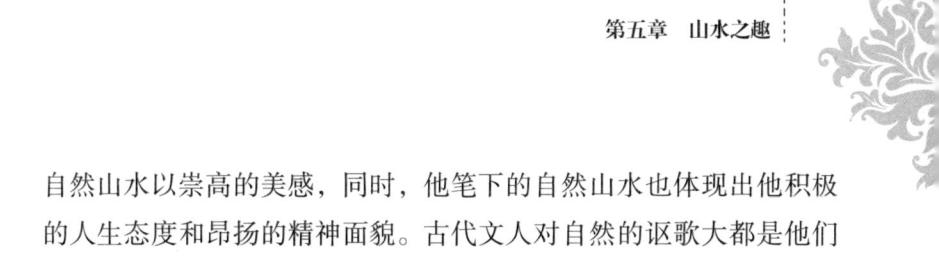

自然山水以崇高的美感，同时，他笔下的自然山水也体现出他积极的人生态度和昂扬的精神面貌。古代文人对自然的讴歌大都是他们内心精神世界的真实写照。

古人对自然山水的热爱体现了他们对祖国的热爱。古人热情讴歌自然山水，不仅体现出他们内心积极进取的精神，更是由于他们对祖国大好山河由衷的热爱。风光旖旎的祖国山河不仅孕育着我们世世代代，更流淌着中国古老而又鲜活的文化传统。观览祖国的山水其实就是在回想中华民族的历史，就是亲身感受中华民族的传统文化。人们对自然山水的热爱同时也体现了他们对祖国、对民族历史和文化传统的热爱。因而，大学士苏东坡看到的西湖美妙自然，"欲把西湖比西子，淡妆浓抹总相宜"，他联想到的是历史；在岳飞的眼中"好山好水看不足，马蹄催趁月明归"，主观感受极其强烈，诗句直观地呈现出他的爱国热情。

寄情山水又往往是古代文人在政治失意时走出人生苦闷的首要选择。因为在自然山水中，他们往往能够找到其中潜藏着的人生启迪和哲学命意，探寻出其中孕育着的无限生机和诗情画意。所以，古代文人通过寄情山水来摆脱因政治失意而带来的人生苦闷，通过品读山水来过滤杂念、净化心灵。当真正走近山水、亲近山水后，他们往往又能够在实际的山水中得到更多的启迪。所以，一向自由不羁的李白在被赐金放还后，"仰天大笑出门去"首先想到的是"且放白鹿青崖间，须行即骑访名山"。柳宗元被贬永州后寄情山水，在与西山对望中使自己一下子得到解脱，在小石潭边找寻到其中潜藏着的理趣、不可言说的哲思和快乐。其实，他们更多的是把自然的生命状态与人的生命状态对接。与其说他们通过文学作品寄寓苦闷，不如说他们是在自然山水中安顿了心灵。寄情山水是他们找寻自己、认识自己的另一个途径。

祖国的美丽山河风光无限，能够给人带来无尽的智慧和遐思。自然山水虽然不语，但是却处处给我们人生的启迪。南宋诗人陆游看山水悟出"山重水复疑无路，柳暗花明又一村"，现在被更多用在为人处世方面。苏轼登庐山意识到"不识庐山真面目，只缘身在此山中"，一样也饱含着人生的哲理。"智者乐水，仁者乐山"山的沉稳和水的灵动启示我们既要有"上善若水"的智慧，学会变通，还要厚德载物，学会包容，以成就山的高大。

"原夫登高之旨，盖睹物兴情。情以物兴，故义必明雅；物以情观，故词必巧丽。"刘勰在无意中道出自然万物与人情感之间息息相通。当文人把自然山水看作知音，他们的人格在山水中找到共鸣，自然山水也就成为他们的精神归宿。

文化传递

怀着对自然山水的热爱，陈亮法背上简单的行囊像一个"苦行僧"般踽踽而行。他曾经说过："行走中的风景永远美丽，无论徒步走向何方，无论徒步走在何处。"行进中，比风景更美丽的，是他无比坚毅的身影。他是上海吉尼斯权威认证的"徒步行走中国第一人"，他被誉为当代中国的"徐霞客"。

出生于江苏宿迁的陈亮法在16岁时曾经到明代地理学家、旅行家徐霞客的家乡江阴游玩。当时，他的内心有一种冲动萌生：他要徒步中国，他想观览祖国的山山水水。于是，为了实现徒步中国这一愿望，他按照自己的计划行动了起来。

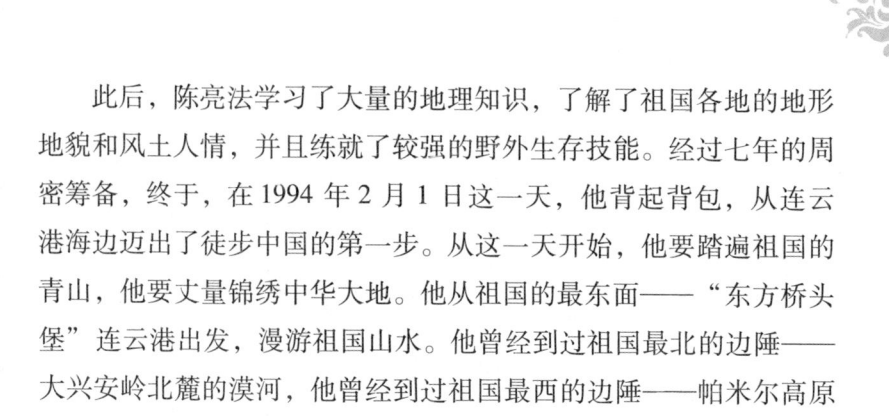

此后，陈亮法学习了大量的地理知识，了解了祖国各地的地形地貌和风土人情，并且练就了较强的野外生存技能。经过七年的周密筹备，终于，在1994年2月1日这一天，他背起背包，从连云港海边迈出了徒步中国的第一步。从这一天开始，他要踏遍祖国的青山，他要丈量锦绣中华大地。他从祖国的最东面——"东方桥头堡"连云港出发，漫游祖国山水。他曾经到过祖国最北的边陲——大兴安岭北麓的漠河，他曾经到过祖国最西的边陲——帕米尔高原之东、昆仑山之西的塔什库尔干，他曾经到过位处海南岛最南端的"天涯海角"，他也曾穿越过被称为"死亡之海"的罗布泊。

一路走来，陈亮法徒步走过了祖国的山山水水。他走过全国33个省、市、自治区，跨越了2000多个县市，在祖国大地上徒步行走6万多千米，拍摄了带有各地风土人情和山水特色的照片近3万张，还记录了近300本游记和200多万字的日记。行走过程中，陈亮法不知穿破了多少双鞋，背坏了多少个背包，睡坏了多少个睡袋和帐篷。

在行走中的一天，陈亮法突然觉得自己的文化修养还太浅薄，如果不及时充电就很难从更深的层次来体会徒步中国的意义，也难以从文化的高度来表达自己的行为。于是，他又到南京大学新闻系研究生班系统学习了新闻写作和摄影。就这样，一路学习一路积淀，一路思考一路坚持，陈亮法用10年时间走遍了中国。

徒步旅程中，陈亮法曾多次因高原反应而晕倒，也曾与饿狼搏斗，与野鹿同睡。由于饥渴难忍，他吞吃过野果野菜，甚至毒蛇。他凭着顽强的毅力和信念一直在行走。他说："行走中的风景永远美丽，无论徒步走向何方，无论徒步走在何处。"

每到一个地方，陈亮法都会认真收集当地的地理人文等方面的资料，并以日记记录着这一切。他已经准备了 150 万字的书稿，准备出版《疯狂的旅行者》和《徐霞客后记》两个系列专著。

走遍全国后，当有记者问陈亮法今后有何打算时，他说出了重走当年路的想法。他说："我的一切在于远行，我不能没有远行，远行是我活着的信念和力量，除非我死了。"

文化感悟

1. 在外出游玩时，你会想起古人对自然山水的吟唱吗？试着在下一次旅游时，即景吟诵一段古诗文。

2. 如今都市里的人工作、生活节奏越来越快、压力也越来越大。越来越多的人希望在奔波忙碌的工作之余，走出繁华喧嚣的都市，走进乡村、走进田园，到自然山水中去寻找一片蔚蓝的天空和幽静的绿荫。因此，近几年，山水游、农家乐的发展越来越时尚、迅猛。但是，那种"上车就睡觉，下车就拍照"的快餐式旅游却不能使人们真正体味到自然山水带给人们的乐趣。对此，你有何思考呢？

第六章　家园之思

文化典籍

一 维桑与梓，必恭敬止

【原文选读】

　　维桑与梓①，必恭敬止②。靡瞻匪③父，靡依④匪母。不属于毛⑤，不离⑥于里。天之生我，我辰⑦安在？

　　菀⑧彼柳斯，鸣蜩嘒嘒⑨。有漼者渊⑩，萑苇淠淠⑪。譬彼舟流，不知所届⑫。心之忧矣，不遑假寐。

　　鹿斯之奔，维足伎伎⑬。雉之朝雊⑭，尚求其雌。譬彼坏木⑮，疾用⑯无枝。心之忧矣，宁⑰莫之知？

　　相彼投兔⑱，尚或先⑲之。行⑳有死人，尚或墐㉑之。君子秉心㉒，维其忍㉓之。心之忧矣，涕既陨㉔之。

（选自《诗经·小雅·小弁》）

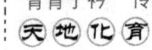

注释：

①桑、梓：古代桑、梓多植于住宅附近，后代遂为故乡的代称，见之自然思乡怀亲。

②止：语气词。

③靡：不。瞻：尊敬、敬仰。匪：不是。

④依：依恋。

⑤属：连属。毛：犹表，古代裘衣毛在外。此两句毛、里，以裘为喻，指裘衣的里表。

⑥离：通"丽"，附着。

⑦辰：时运。

⑧菀（wǎn）：茂密的样子。

⑨蜩（tiáo）：蝉。嘒嘒（huì huì）：蝉鸣的声音。

⑩漼（cuǐ）：水深的样子。渊：深水潭。

⑪萑（huán）苇：芦苇。淠（pèi）淠：茂盛的样子。

⑫届：到、止。

⑬维：犹"其"。伎（qí）伎：鹿急跑的样子。

⑭雉（zhì）：野鸡。雊（gòu）：雉鸣。

⑮坏木：有病的树。

⑯疾：病。用：这里相当于"而"。

⑰宁：竟然、难道。

⑱相：看。投兔：入网的兔子。

⑲先：开、放。

⑳行（háng）：路。

㉑墐（jìn）：掩埋。

㉒秉心：犹言居心、用心。

㉓维：犹"何"。忍：残忍。

㉔陨：落。

第六章 家园之思

【义意疏通】

看到桑树梓树林，恭敬顿生敬爱心。无时不尊我父亲，无时不恋我母亲。不连皮裘外面毛，不附皮裘内里衬。老天如今生下我，哪里有我好时运？

株株柳树真茂密，上面蝉鸣声声急。深不见底一潭水，周围芦苇真密集。我像漂流的小舟，不知漂流到哪里。忧伤充满我心中，没空打盹思不息。

看那野鹿快奔跑，扬起四蹄真轻巧。听那野鸡早晨叫，雄鸟尚且求雌鸟。我就像那有病树，病得长不出枝条。忧伤充满在心中，难道就没人知道？

看那野兔入罗网，尚且有人把它放。路上遇到了死人，尚且有人把他葬。父亲大人的居心，为何残忍这模样？忧伤充满我心中，使我眼泪落千行。

【义理揭示】

这是一首充满着忧愤情绪的哀怨诗。从诗本身所表述的内容来看，当时诗人的父亲听信了谗言，把他放逐，致使他幽怨哀伤、寤寐不安、怨天尤父、零泪悲怀。诗人虽然面对父母所栽的桑梓"必恭敬止"，对父母怀有恭敬孝顺之心，但和父母的关系是"不属于毛，不离于里"，所以只有无奈地归咎于上天，语言极其沉痛。而桑梓自此之后便成为故乡的代名词，睹桑梓自然就生发出家园之思。

二 谁谓宋远？跂予望之

【原文选读】

谁谓河广？一苇杭①之。谁谓宋远？跂②予望之。

谁谓河广？曾不容刀③。谁谓宋远？曾不崇朝④。

（选自《诗经·卫风·河广》）

注释：

①一苇：比喻小船。杭：通"航"，渡过。

②跂（qì）：踮起脚后跟。

③刀：小船。

④崇：终，终了。崇朝：一个早晨，整个早晨。

【文意疏通】

谁说黄河宽又广？一支苇筏可飞航。谁说宋国太遥远？踮起脚跟即在望。

谁说黄河宽又广？其间难容一小船。谁说宋国太遥远？赶去尚及吃早餐。

【义理揭示】

这首诗表现了宋国人思念家人，渴望回家的迫切心情。谁说河流宽广无边？我用一条小船就渡过了。谁说我们宋国距离遥远难以回去？我踮起脚后跟就看到了。诗歌采用这种自问自答的方式来表达对家乡的思念。表达的情感质朴而又敦厚，想要回家之情极其迫切又带有浓厚的童稚气息。其急切想回家的真情感人至深。

三 曰归曰归,心亦忧止

【原文选读】

采薇采薇,薇亦作止①。曰归曰归,岁亦莫②止。靡③室靡家,狁④之故。不遑启居⑤,狁之故。

采薇采薇,薇亦柔止。曰归曰归,心亦忧止。忧心烈烈⑥,载饥载渴⑦。我戍未定⑧,靡使归聘⑨。

采薇采薇,薇亦刚⑩止。曰归曰归,岁亦阳止。王事靡盬⑪,不遑启处。忧心孔疚⑫,我行不来⑬。

(选自《诗经·小雅·采薇》)

注释:

①作:生出。止:语气助词。

②莫:即"暮"。岁暮是指一年将尽之时。

③靡:无,没有。

④狁(xiǎn yǔn):北方少数民族,到春秋时代称为狄,战国、秦、汉称匈奴。

⑤不遑(huáng):没空。遑:闲暇。启:跪坐。居:安居。

⑥烈烈:火势很大的样子,此处形容忧心如焚。

⑦载饥载渴:又饥又渴。

⑧我戍未定:戍,驻守。定,安定。

⑨使:传达消息的人。聘:探问。

⑩刚:指薇菜由嫩而老,变得粗硬。

⑪盬(gǔ):休止。

⑫孔疚：非常痛苦。疚：痛苦。

⑬来：通"勑"（lài），勉励。

【文意疏通】

采薇采薇一把把，薇菜新芽已长大。说回家呀道回家，眼看一年又完啦。有家等于没有家，为跟狎狁去厮杀。没有空闲来坐下，为跟狎狁来厮杀。

采薇采薇一把把，薇菜柔嫩初发芽。说回家呀道回家，心里忧闷多牵挂。满腔愁绪火辣辣，又饥又渴真苦煞。防地调动难定下，书信托谁捎回家。

采薇采薇一把把，薇菜已老枝发硬。说回家呀道回家，转眼十月又到啦。王室差事没个罢，想要休息没闲暇。满怀忧愁太痛苦，出征后没有人来问候。

【义理揭示】

《诗经·小雅·采薇》在这里采用了重章叠句的形式，反复表达戍卒远别家室、历久不归的凄苦心情。诗歌一开始就给读者展示了一幅凄凉的戍边生活画面，我们仿佛看到戍卒一边在荒野漫坡上采集野菜，一边思念着久别的家乡，屈指计算着返家的日期。"采薇采薇，薇亦作止"，"采薇采薇，薇亦柔止"，"采薇采薇，薇亦刚止"，从春到秋，薇菜由嫩而老，时光无情地流逝了；戍卒思归，从春到秋，一年将尽，何时才能归家呢？其实在诗里，诗人原是把天地四时的瞬息变化，自然生物的生死消长，都看作是生命的见证，人生的比照。因此，兴是自然予人的最朴素也最直接的感悟，其中有着体认生命的深刻之义。于是在"采薇"这样一个凝固在戍

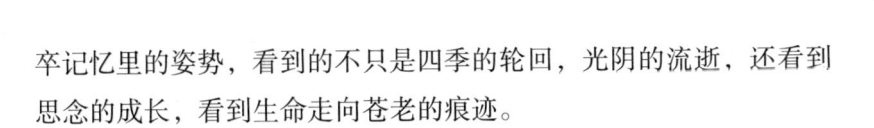

卒记忆里的姿势，看到的不只是四季的轮回，光阴的流逝，还看到思念的成长，看到生命走向苍老的痕迹。

四 庄舄思归

【原文选读】

陈轸适①至秦，惠王曰："子去寡人之楚②，亦思寡人不？"陈轸对曰："王闻夫越人庄舄③乎？"王曰："不闻。"曰："越人庄舄仕楚执珪，有顷④而病。楚王曰：'舄故越之鄙细人⑤也，今仕楚执珪，富贵矣，亦思越不？'中谢对曰：'凡人之思故，在其病也。彼思越则越声⑥，不思越则楚声。'使人往听之，犹尚越声也。今臣虽弃逐之楚，岂能无秦声哉！"

(选自西汉·司马迁《史记·张仪列传》)

注释：

①适：适逢，正赶上。
②去寡人之楚：离开我去楚国。
③庄舄（xì）：战国时越国人，出身贫寒，仕楚，爵为执珪。
④有顷：不久。
⑤鄙细人：住在边远或郊野而地位低微的人。
⑥声：口音，腔调。

【文意疏通】

陈轸正好回到秦国，惠王说："先生离开我到楚国，也想念我吗？"陈轸回答说："大王听说过越国人庄舄吗？"惠王说："没听说。"陈轸说："越人庄舄在楚国官做到执珪的爵位，不久就生病了。楚王说：'庄舄原本是越国一个地位低微的人，如今官做到执珪的爵位，富贵了，也不知想不想越国？'中谢回答说：'大凡人们思念自己的故乡，是在他生病的时候，假如他思念越国，就会操越国的腔调，要是不思念越国就要操楚国的腔调。'派人前去偷听，庄舄还是操越国的腔调。如今我即使被遗弃跑到楚国，难道能没了秦国的腔调吗？"

【义理揭示】

　　每个人内心都藏着对故乡的思恋。对出门在外的游子来说，这种思恋尤其强烈。在他乡遇到故知，脱口而出的大多是故乡话，即使再年迈，也会"乡音无改"。庄舄虽人在楚国，但是对越国的思恋却一直都潜藏在他的内心深处。因此，即使在生病的时候，也没有什么能阻挡庄舄对越国的思恋。于是，庄舄操乡音，思故土。因为乡音中蕴藏着回忆和深情。

五 不背本，不忘旧

【原文选读】

　　秋，郑伯如晋。晋人讨其贰于楚也，执诸铜鞮①。栾书②伐郑，郑人使伯蠲行成，晋人杀之，非礼也。兵交，使在其间可也。楚子重③侵陈以救郑。晋侯观于军府，见钟仪，问之曰："南冠而絷者，谁也？"有司对曰："郑人所献楚囚也。"使税之，召而吊④之。再拜稽首。问其族，对曰："泠人⑤也。"公曰："能乐乎？"对曰："先人之职官也，敢有二事？"使与之琴，操南音。公曰："君王何如？"对曰："非小人之所得知也。"固问之，对曰："其为大子也，

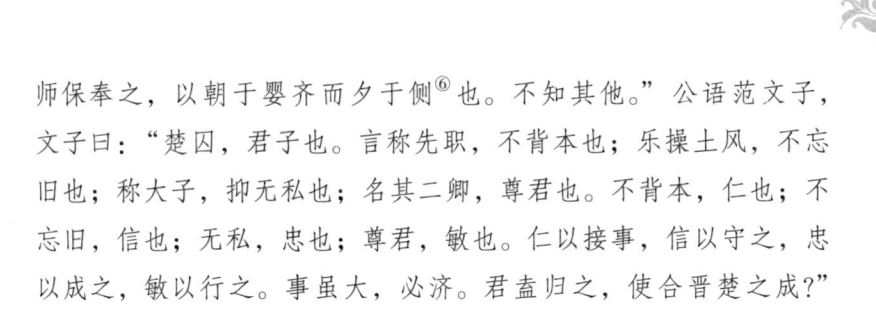

师保奉之，以朝于婴齐而夕于侧⑥也。不知其他。"公语范文子，文子曰："楚囚，君子也。言称先职，不背本也；乐操土风，不忘旧也；称大子，抑无私也；名其二卿，尊君也。不背本，仁也；不忘旧，信也；无私，忠也；尊君，敏也。仁以接事，信以守之，忠以成之，敏以行。事虽大，必济。君盍归之，使合晋楚之成？"公从之，重为之礼，使归求成。

(选自《左传·成公九年》)

注释：

①铜鞮(dī)：古地名，在今山西沁县南。
②栾(luán)书：晋国大夫。
③子重：即下文的婴齐楚国令尹。
④吊：慰问。
⑤泠(líng)人：即伶人乐官。
⑥侧：指子反，楚国大夫。

【文意疏通】

成公九年秋，郑伯到晋国去。晋人为了惩罚他勾结楚国，在铜鞮逮住了他。晋国大夫栾书攻打郑国，郑人派遣伯蠲求和，晋人杀了他，这是不合乎礼的。两国交兵，使者可以来往两国之间。楚国的子重攻打陈国来援救郑国。晋侯视察军用仓库，见到钟仪，问道："那个戴着南方的帽子而被囚禁的人是谁？"官吏回答说："是郑人所献的楚国俘虏。"晋侯让人把他放出来，召见并且慰问他。钟仪行再拜之礼，叩头。晋侯问他家世代所做的官职，他回答说："是乐官。"晋侯说："能演奏音乐吗？"钟仪回答说："这是先人的职责，岂敢从事于其他？"晋侯命人给他一张琴，他弹奏南方的乐调。晋侯说："你们的君王怎么样？"钟仪回答说："这不是小人所能知道的。"晋侯再三问他，他回答说："当他做太子的时候，师保奉事着他，每天早晨向令尹婴齐、晚上向大夫侧去请教。我不知道别的。"晋侯将这种情况告诉了范文子，范文子说："楚囚是君子啊。说话时举出先人的职官，这是不背弃根本；奏乐奏家乡的乐调，这是不忘记故旧啊；举出楚君做太子时候的事，这是没有私心；称二卿的名字，这是尊崇君王。不背弃根本，这是仁；不忘记故旧，这是信；没有私心，这是忠；尊崇君主，这是敏。用仁来辨理事情，用信来保守它，用忠来成就它，用敏来推行它。事情即使很大，也必然成功。君王何不放他回去，让他结成晋、楚的友好呢？"晋侯听从了他的话，对钟仪重加礼遇，让他回国去求和。

【义理揭示】

生病的时候，庄舄操越语以表达对越国的思恋。被俘的情况下，郑伯演奏家乡的乐调以表明自己没有忘记故乡。这都体现出他们对故土的思恋，也是历史上不背本、不忘旧的典范。"少小离家老大回，乡音无改鬓毛衰，儿童相见不相识，笑问客从何处来？"贺知章的诗传颂千古。"当身边的微风轻轻吹起，吹来故乡泥土的芬芳"，费翔的歌激荡人心。可见游子思乡，对故土的眷恋，四海同理，古今皆然。

六 情眷眷而怀归

【原文选读】

登兹楼①以四望兮，聊暇②日以销忧。览斯宇之所处兮，实显

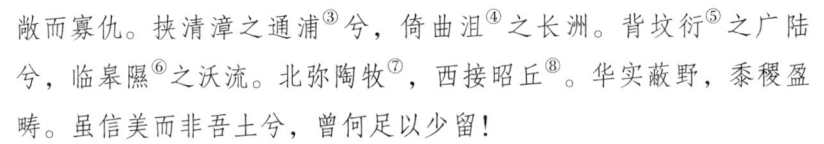

敞而寡仇。挟清漳之通浦③兮，倚曲沮④之长洲。背坟衍⑤之广陆兮，临皋隰⑥之沃流。北弥陶牧⑦，西接昭丘⑧。华实蔽野，黍稷盈畴。虽信美而非吾土兮，曾何足以少留！

遭纷浊而迁逝兮，漫逾纪⑨以迄今。情眷眷而怀归兮，孰忧思之可任？凭轩槛以遥望兮，向北风⑩而开襟。平原远而极目兮，蔽荆山⑪之高岑。路逶迤而修迥兮，川既漾而济深。悲旧乡之壅隔兮，涕横坠而弗禁。昔尼父之在陈兮，有归欤之叹音⑫。钟仪⑬幽而楚奏兮，庄舄显而越吟。人情同于怀土兮，岂穷达而异心！

(选自《汉魏六朝百二名家集·王侍中集》)

注释：

①兹楼：指麦城城楼。

②暇：通"假"，借。

③漳：漳水，在今湖北当阳县境内。浦：大水有小口别通曰浦。

④沮（jū）：沮水，也在当阳境内，与漳水会合向南流入长江。

⑤坟衍：地势高起为坟，广平为衍。

⑥皋隰（xí）：水边之地为皋，低湿之地为隰。

⑦陶：乡名，传说是陶朱公范蠡的葬地。牧：郊野。

⑧昭丘：楚昭王坟墓，在当阳县郊。

⑨纪：一纪为十二年。

⑩向北风：王粲家乡山阳高平在麦城之北，故云。

⑪荆山：在今湖北省南漳县，漳水发源于此。

⑫有归欤之叹音：孔子在陈绝粮时，曾叹息说："归欤！归欤！"（见《论语·公冶长》)

⑬钟仪：楚国乐官，被晋所俘，晋侯使之弹琴，仍操楚国乐调。《左传·成公九年》："乐操土风，不忘旧也。"

【文意疏通】

登上城楼向四处眺望啊,暂借此日来排遣忧愁。遍观这楼所处的环境啊,实在是明亮宽敞、世间稀有。一边挟带着清澄的漳水的通道啊,一边倚靠着弯曲的沮水的长洲。背靠着高而平的大片陆地啊,面对着低湿原野中的沃美水流。北面可到达陶乡的郊野,西面连接着楚昭王的坟丘。花卉果实遮蔽了田野,小米高粱长满了垅头。虽然真美却不是我的家乡啊,又哪里值得作片刻的停留!

遇到这混乱的世道而迁徙流亡啊,悠悠忽忽超过十二年而到了今天。情怀深切总想着返回故乡啊,谁能承受住沉重的感情负担?靠着栏杆向远方瞭望啊,迎着北风敞开了衣衫。平原广阔我极目远望啊,却被高高的荆山挡住了视线。道路曲折而漫长啊,河流悠长渡口深远。悲叹故乡的阻塞隔绝啊,止不住泪水纵横满面。当初孔子困在陈国啊,曾发出"回去吧"的哀叹。钟仪被囚禁仍演奏楚国的乐曲啊,庄舄显达了仍操着越国的乡言。人情在怀念故乡上是一样的啊,难道会因受困或显达而把心思改变!

【义理揭示】

王粲怀抱用世之志,南下依附刘表,未得重用,心情郁闷。久客思归的王粲,登上当阳东南的麦城城楼,纵目四望,百感交集,写下这篇历代传诵不衰的名作。因作者身当乱世,亲历离乱,又怀才不遇,宏图难展,所以赋中充盈着沉郁悲愤的失意之叹。但这种情绪并不消沉,它源于作者乘时而起、建功立业的政治抱负,是建安时代知识分子积极进取的时代精神的反映。作为一篇抒情小赋,作者把内心感情的抒发,与有明暗虚实变化的景物描写结合起来,

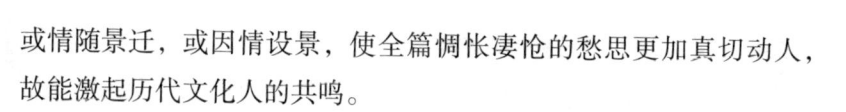

或情随景迁，或因情设景，使全篇惆怅凄怆的愁思更加真切动人，故能激起历代文化人的共鸣。

七 竟夕起相思

【原文选读】

海上生①明月，天涯共此时。
情人②怨遥夜③，竟夕④起相思。
灭烛怜光满⑤，披衣觉露滋。
不堪⑥盈手⑦赠，还寝⑧梦佳期⑨。

(选自唐·张九龄《望月怀远》)

注释：

①生：升起。

②情人：有情人。

③怨遥夜：因离别而幽怨失眠，以致抱怨夜长。遥夜：长夜。

④竟夕：终宵，即一整夜。

⑤怜光满：爱惜满屋的月光。怜：爱。

⑥不堪：不能。

⑦盈手：满手，意即捧满手。

⑧还：回到。寝：卧室。

⑨梦佳期：在梦中去得到美好的约会。

【文意疏通】

一轮明月从海上升起，这时，远在天边的亲人和我同样在望着月亮。多情的人怨恨夜太长了，在经过整整一夜后，思念之情变得更加

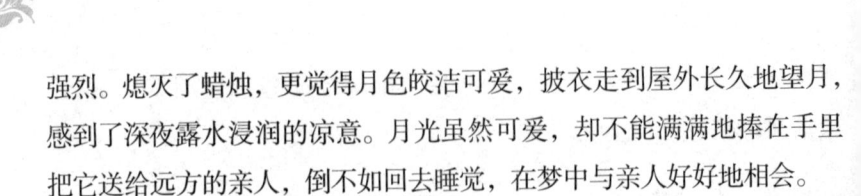

强烈。熄灭了蜡烛，更觉得月色皎洁可爱，披衣走到屋外长久地望月，感到了深夜露水浸润的凉意。月光虽然可爱，却不能满满地捧在手里把它送给远方的亲人，倒不如回去睡觉，在梦中与亲人好好地相会。

【义理揭示】

《望月怀远》一诗情景交融，写景抒情并举，是望月思怀的名篇。诗歌从"望月"着笔，句句不离"怀远"，把"望月"和"怀远"融为一体，进而抒发对远方亲人深切的思念之情。起句"海上生明月"完全写景，脱口而出点明题中的"望月"，意境雄浑阔大。第二句"天涯共此时"由景入情，转入"怀远"。三四两句以"怨"字为中心，以"情人"与"相思"呼应，以"遥夜"与"竟夕"呼应，上承前两句，一气呵成，自然流畅，具有古诗气韵。"灭烛怜光满，披衣觉露滋"，两句写出了深夜对月不眠的实情实景。"不堪"两句，构思奇妙，意境幽清，读来令人回味不已。全篇把明月写得明媚、皎洁而又充满柔情，把思念之情写得执着、深婉而又绵绵不尽，格调俊朗。

八 思乡泪满巾

【原文选读】

守岁尊①无酒，思乡泪满巾。
始②知为客苦，不及在家贫。
畏老偏惊节，防愁预恶春。
故园③今夜里，应念未归人。

（选自唐·白居易《客中守岁》）

注释：

①尊：通"樽（zūn）"，古代的盛酒器具。
②始：才。
③故园：往日家园，即家乡。

【文意疏通】

正是守岁之时，杯中却没有酒，想起了家乡眼泪就不由自主地流了下来。

到此时才知道在他乡为客是多么痛苦，真不如在自己的家里，哪怕是贫困潦倒。

总是害怕年迈和愁苦的事，可是谁知道最是担忧的事情偏偏在春节之时发生。

哎，今夜家乡里应该还在念叨着还没有回家的人吧！

【义理揭示】

"每逢佳节倍思亲。"守岁，正是举家团圆的好时节。但是诗人却出门在外为客他乡，又加上杯中无酒，这就更激发了诗人内心对故园的思念。想想家乡的亲人此时或许正聚在一起念叨着自己，他乡为客的孤独之感和强烈的思乡之情更能引发我们的无限感慨。

九 心随流水先还家

【原文选读】

新安①道中物色②佳，山昏云澹③晚雨斜。

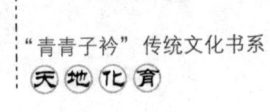

眼看好景懒下马,心随流水先还家。

(选自北宋·苏舜钦《寄王几道同年》)

注释:

①新安:古地名。徽州古称新安,即今黄山市。

②物色:景色,景象。

③澹(dàn):恬静、安然的样子。

【文意疏通】

新安的道路两旁景色优美,在这里风轻云淡细雨飘飞。

看到这么美好的景色我都懒得下马来观赏,因为我的心思早就随着流水回到了我的家乡。

【义理揭示】

按照常理来说良辰美景之地,温柔富贵之乡最容易让人"乐不思蜀"。但是,苏舜钦对新安道中优美的景色却懒得下马来观赏,只是因为诗人想早一点回到自己魂牵梦萦的故乡。可见,对家园的情感是植根于骨子里的,任何其他事物都不能替代。炽烈的家园之思是任何一个远离故乡的人都抵挡不住的文化情结。

十 但愿人长久,千里共婵娟

【原文选读】

明月几时有?把酒①问青天。不知天上宫阙,今夕②是何年。我欲乘风归去,又恐琼楼玉宇③,高处不胜寒④。起舞弄清影⑤,何似在人间。

转朱阁⑥，低绮户⑦，照无眠⑧。不应有恨，何事长⑨向别时圆？人有悲欢离合，月有阴晴圆缺，此事古难全。但愿人长久，千里共婵娟⑩。

(选自北宋·苏轼《水调歌头丙辰中秋》)

注释：

①把（bǎ）酒：端起酒杯。

②今夕：今夜。

③琼楼玉宇：神话传说中的月亮宫殿。

④不胜寒：抵挡不住寒冷。

⑤起舞弄清影：在月光下起舞，自己的影子也翻动不已，仿佛自己和影子一起嬉戏。清影：在月光下舞动优美的影子。

⑥转朱阁：月亮转过了红色的楼阁。

⑦低绮（qǐ）户：月亮低低地照进雕花的窗户。

⑧照无眠：照着心事重重的失眠者。

⑨何事：为什么。长：总是。

⑩婵娟（chán juān）：指月中的嫦娥，这里指代月亮。

【文意疏通】

明月从何时才有？手持酒杯来询问青天。不知道天上宫殿，今夜是哪一年。我想要乘御清风归返，又恐怕返回月宫的琼楼玉宇，受不住高耸九天的冷落和风寒。在浮想联翩中，对月起舞，清影随人，仿佛乘云御风，置身天上，哪里比得上在人间！

转过朱红的楼阁，月光低洒在绮窗前，照到床上人惆怅无眠。明月不该有什么怨恨，却为何总在亲人离别时候才圆呢？人有悲欢离合的变迁，月有阴晴圆缺的转换，这种事自古以来就难以周全。只希望自己思念的人健康长寿，虽然相隔千里，也能共享这美好的月亮。

【义理揭示】

《水调歌头》是苏轼最著名的望月怀人之作。该词以月为主线，将情、景、理融会贯通，既体现出浪漫主义的色彩，又体现出苏轼旷达飘逸的豪放派词人风格。上片望月，由月展开思索，通过连续发问，表现出超脱出世的向往。但是月宫虽然美妙却又"高处不胜寒"，在这犹豫、徘徊中，苏轼又以只有人世间才可以享受到"起舞弄清影"的乐趣，否定了出世之想。下片亦由月生发，以月亮的阴晴圆缺来喻人间的悲欢离合。最后，则以共沐一轮明月的美好愿望来结束全篇，境界高远，意味深长。

十一 化作啼鹃带血归

【原文选读】

草合①离宫②转夕晖，孤云③飘泊复何依。
山河风景元④无异，城郭人民半已非。
满地芦花⑤和我老，旧家燕子傍谁飞？
从今别却⑥江南路，化作啼鹃带血归。

（选自南宋·文天祥《金陵驿》）

注释：

①草合：草已长满。

②离宫：即行宫，皇帝出巡时临时居住的地方。金陵是宋朝的陪都，所以有离宫。

③孤云：这里喻指自己。

④元：通"原"。

⑤芦花：芦苇花。

⑥别却：离开。

【文意疏通】

夕阳之下，丛生的野草已经遮掩了离宫，天边的孤云，飘来飘去，不知要飘到哪里。

祖国的大好河山和原来没有什么不同，但是人民已成了元朝的臣民。

满地的芦苇花和我一样老去，旧时的燕子现在和谁一起飞呢？

现在要离开这个熟悉的老地方了，从此以后南归无望，等我死后让魂魄归来吧！

【义理揭示】

诗的首联描写作者途经金陵时看到的景色。寥寥数笔，为我们描绘了一幅满目疮痍、凄楚迷离的夕照离宫图。诗人融情入景，将自己孤苦无依的荒凉心境融入天边孤云的形象之中，云成了诗人自己。颔联中，诗人以今昔作比，描写了山河沦丧给广大人民带来的巨大灾难。诗人用山川与人事作比，对比鲜明之极，表现出诗人无比沉痛的爱国爱民的情怀。"满地芦花"是眼中之景，"和我老"则是诗人心中之痛。诗人自知此去绝难幸免，离别故土，不但已经抱着必死的决心和誓言，即使死了化作杜鹃鸟也要南归。因而，吟出了"从今别却江南路,化作啼鹃带血归"。诗歌表现了文天祥对故国无比眷恋、无比思念的深情,同时也体现了他高尚的民族气节和忠贞不二的爱国精神。

十二 聒碎乡心梦不成

【原文选读】

　　山一程,水一程,身向榆关①那畔②行。夜深千帐灯。

　　风一更,雪一更,聒③碎乡心梦不成。故园无此声。

(选自清·纳兰性德《长相思》)

注释:

①榆关:即渝关、山海关。据《柳边纪略》云:"古来边塞种榆,故曰榆关。"按《明统志》云:"榆关在抚宁县东二十里。徐达移于东界,改名山海。"

②那畔:那边。

③聒(guō):喧嚣吵嚷之声。

【文意疏通】

　　我赴辽东巡视,随行的千军万马一路跋山涉水,浩浩荡荡,向山海关进发。入夜,营帐中灯火辉煌,宏伟壮丽。

　　夜已深,帐篷外风雪交加,阵阵风雪声搅得人无法入睡。家乡是没有这么烦乱的声音的。

【义理揭示】

上片在"一程"又"一程"的吟哦中,极写旅途的遥远艰辛。"身向榆关那畔行",点出旅程的方向,暗示虽"身向榆关",但是心仍然在故乡,表达了对故乡家园的留恋。"夜深千帐灯",又暗示随行人员极多但都没有入睡。"风一更,雪一更"与"山一程,水一程"相呼应写出一夜风雪不停,又言旅途之艰辛。"聒碎乡心梦不成"则交代了彻夜不眠的原因:原来风雪搅碎了词人的思乡之心。通篇直抒胸臆,不事雕琢,极言思乡之切。

文化倾听

中华民族最富有热爱家乡、眷恋故土的情结。扎根于中华大地上的家园之思、故土之恋传承几千年,一直流淌在炎黄子孙的血液里。

家园之思是中华传统文化中的一个典型特征。这与中国传统的农耕文明是分不开的。中华民族有着悠久的农耕历史和光辉的农耕文明。农业生产的固定性和季节性影响着中国人生活、思维和情感的方方面面。固定的农业生产使得早期居无定所的先民生活范围逐渐固定,进而居而有"家"。在家庭耕织文明的传承和发展中,中国人在意识形态上对"家"的观念越来越强,对"家"的情感也越来越浓烈。作为承载"家"的土地,自然也就由此成为人们怀念的重要部分。所以家园之思既有对"家"、对家乡亲人的思念,也有对家乡土地的怀念。可见,对土地和建立在土地之上的"家"的怀念是中国人思乡情结的主要指向,农耕文明是中国人故土情结和家园意识的历史基础。

中国文人的传统认识是"读万卷书，行万里路"。在古代，文人在饱读诗书后，自然要为理想而去寻求自己的价值。自踏上行走旅程第一步，家园之思便时刻与他们相随相伴，并且终其一生根植于他们骨子中。多少游子为了心中的理想，为了修身齐家治国平天下，远离故乡或进京考取功名，或徜徉自然山水之间。但是无论是在朝为官还是行走江湖，他们心中一直怀揣着对故乡、对亲人的思念。宋代张咏诗云："莫讶临歧再回首，江山重叠故人稀。"旅途中的每一处风景，都会勾起文人墨客对家园的思念。

《左传》中有著名的"三不朽说"："大上有立德，其次有立功，其次有立言，虽久不废，此之谓不朽。"历朝历代，文臣武将都将不朽视之为人生追求的方向和目标。文人可以为了心中的理想、为了功名远离家乡，将士也会为此去他乡寻求人生的目标。尤其是在战争之时，无数将士会远赴边疆为国效力。在有些时候，甚至文人也争相远赴边关寻求自己的政治理想。远离家乡戍边的将士必然会生发自己内心炽烈的家园之思。自《诗经·采薇》之后，很多边塞诗就是抒写边塞将士立功求胜心切和家园之思的。

无论跋涉到哪里，每一个人内心中都有一个故乡，每一个人童年时期的理想都会时时刻刻清晰地浮现。对故土、对亲人的思念会因相似的风景、相类的乡音而激发。尤其是在佳节之时，家园之思表现得格外强烈。王维的"独在异乡为异客，每逢佳节倍思亲"一语将良辰佳节之时游子内心思乡怀人的情感道破。明月之下，李白望月怀乡低吟"举头望明月，低头思故乡"，张九龄"竟夕起相思"，苏轼感叹"但愿人长久，千里共婵娟"；守岁之时，孟浩然会"相思那得梦魂来"，白居易因"思乡泪满巾"，而朱淑真则

第六章　家园之思

"穷冬欲去尚徘徊，独坐频斟守岁杯"。

熟悉了"日出而作，日落而息"的生活规律和生活习惯后，即使出门远游也会在特定的时刻生发出特定的情思。尤其是在日暮时分，家园之思对游子而言尤为强烈。在日暮之时，不同的人虽然故乡不同，但是他们的情感倾向却不约而同地指向自己心中的故乡。这对失意之人表现得尤为突出。因为在斜阳荒径中找不到通向官宦仕途的方向，只能从中找寻出一些心灵的慰藉和诸多还家的期待。所以，日暮思乡成为许多文人尤其是失意文人一贯的情感倾向。于是，有了"日暮途且远，游子悲故乡"之叹。刘沧在晚门时感叹"秋深频忆故乡事，日暮独寻荒径归"，张九龄旅居在外时感慨"日暮荒亭上，悠悠旅思多"，陈子昂"故乡杳无际，日暮且孤征"、刘长卿"日暮望乡处，云边江树秋"，都能够激发游子出门在外的家园之思。而白居易"日暮青山望乡泣"，杜甫"日暮东临大江哭"则直接把沦落天涯时的家园之思抒写到了极致。

《大学》中载："古之欲明明德于天下者，先治其国；欲治其国者，先齐其家。"又云："家齐而后国治，国治而后天下平。"可见，家国意识在古人心中的地位根深蒂固。而从大处着眼，放大的家园之思就是对祖国的爱恋和思念。文天祥痛苦地吟唱"从今别却江南路，化作啼鹃带血归"就是对家园、更是对祖国思念的极致表达。

一言以蔽之，家园之思与中国传统的农耕文明密不可分，怀乡念土、安土重迁是国人的内在情感。无论是外出求取功名的举子，还是戍守边疆的将士，或是遭受贬谪的失意之人，或在佳节或在特定的情景之下都会激发出他们内心潜藏着的家园之思。家园之思是人们自童年时期就已流淌在骨子里，并且成为永远也挥之不去的中国传统文化的典型特征。

文化传递

庄世平,一位把自己6个子女从香港送回内地效力祖国的爱国者;他为李嘉诚搭桥并且充当"执行总监"完成创建汕头大学这样泽惠千秋的旷世伟业;从改革开放至逝世前,他无偿组织华侨捐资给国内卫生、教育事业超过30亿元;他生前把两家如今资产达2000多亿港元的银行都无偿地捐给了国家……这都源于庄世平内心对家园祖国的热爱。

怀着对家乡和祖国的满腔热血满腔爱,庄世平辛劳一生,为家乡和祖国贡献出了毕生的才智。他伟大的人格魅力震撼着身边的每一个人。他曾对自己的子女说:"我这一生都是为建立新中国而奋斗,你们是祖国的儿女,要为祖国贡献自己的力量。"

改革开放以后,庄世平又为特区的建设和发展积极出资出力、献计献策。因为庄世平认识到办特区是加速经济发展的好路子,办特区会增加就业,办特区是要提高人民群众的生活水平。在参与经济特区政策法规制定的过程中,庄世平积极主张按经济规律制定政策。面对一些不当言论,庄世平这样激愤地说:"若不按经济规律、不按国际惯例办事,这样的《特区条例》定它何益?如果这样的条例拿到全国人民代表大会上表决,我和港澳的代表将投弃权票……"庄世平这么做,都是源于内心对家国的满腔热血满腔爱!

据当时的广东省委书记吴南生回忆说,最早办特区的想法就是他同庄世平商议的,是庄世平积极向他提供了世界上创办特区的丰富经验和相关资料、信息，如果没有这些丰富的资料、信息作参照，对特区的设想根本就不可能具体化。因此，吴南生曾经这样评价庄世平："办特区，庄世平是我的老师。"

在汕头大学筹备之初，庄世平又动员广大华侨和港澳同胞积极捐资建校。他曾经和李嘉诚说："兴学育才很有意义。像陈嘉庚先生一样，名字和他创办的厦门大学和集美学校联系在一起的，这样的人生最有意义。"之后，作为汕头大学建设执行总监的庄世平为汕头大学的筹资建校殚精竭虑一丝不苟奉献出了自己所有的才智和心血。

庄世平为家乡、为祖国、为公益事业积极奔忙了一辈子。在接受《亚洲资本》记者采访时，庄世平曾说："我老了，有些事不能亲历亲为，需要我帮助协调、组织、出主意的我都会尽力而为。我只是做了一点力所能及的事，做了一点对国家、对家乡、对人民有益的事，尽了一点心而已。"

文化感悟

1. 古人对故乡家园的思恋更多体现在"乡音无改"。乡音的背后寄予着对家乡浓厚的情感。可是现在很多孩子却没有属于自己的"乡音"。能够流利地讲英语的孩子越来越多，自然地说地方方言的小孩子越来越少。对此，你怎么看？

2. 在过去的十年里，中国每天消失 80 个自然村。十八大以后，新一届领导人把推进新型城镇化进程作为今后十年经济发展的重大战略举措。在这样的背景下，无论出于什么考量，新型城镇化都成为当前和今后相当一段时间内要迫切实现的战略需要,新型城镇化进程也势必全面展开并提速。在新型城镇化推动的进程中,将会有越来越多的农村百姓离开故土,涌入城市和新的城镇。面对这种新的形势,我们该如何认识中国传统意识中的故土之思?

第七章　生命之旅

文化典籍

一　厥初生民，时维姜嫄

【原文选读】

厥初①生民，时维姜嫄②。

生民如何？克禋③克祀，以弗④无子。

履帝武敏歆⑤，攸介攸止⑥，载震载夙⑦。

载生载育，时维后稷。

（选自《诗经·大雅·生民》）

注释：

①厥（jué）初：其初。

②时：是。姜嫄（yuán）：传说中有邰氏之女，周始祖后稷之母。

③克：能。禋（yīn）：祭天的一种礼仪，先烧柴升烟，再加牲体及玉帛于柴上焚烧。

④弗：通"祓（fú）"，除灾求福的祭祀。

⑤履：践踏。帝：天帝。武：足迹。敏：通"拇"，脚趾。歆（xīn）：心有所感的样子。

⑥攸（yōu）：语气助词。介：通"愒（qì）"，休息。止：止息。

⑦载震载夙（sù）：娠，指十月怀胎，守胎。

【文意疏通】

是谁生下第一代周人，姜嫄就是那位母亲。

周人是怎样降生的？有一天姜嫄行禋祭，因为没有儿子所以来求天帝。

她踩着天帝的脚趾印，心里甚是欢喜。就在那里停下来休息。她怀孕了，不敢大意。

后来生了孩子，那就是后稷。

【义理揭示】

《生民》是一首带有神话色彩的古老史诗，它叙述了周始祖后稷的诞生和发明农业的历史。这一章主要写了周始祖生命的起源，即后稷之母姜嫄神奇的受孕。"履帝武敏歆"这一句最关键。高辛氏之帝率领其妃姜嫄向生殖之神祈子，姜嫄踏着高辛氏的足印，施行了一道传统仪式后，便感觉怀了孕，求子而得子。这既以超越现实的神话交代了周始祖后稷的诞生，同时也象征性地表明了君王的神圣裔传来自天帝。

二 伏清白以死直兮

【原文选读】

长太息以掩涕①兮,哀民生之多艰。余虽好修姱以鞿羁②兮,謇朝谇而夕替③。既替余以蕙纕④兮,又申⑤之以揽茝。亦余心之所善兮,虽九死其尤未悔。怨灵修之浩荡⑥兮,终不察夫民心。众女嫉余之蛾眉⑦兮,谣诼⑧谓余以善淫。固时俗之工巧兮,偭规矩而改错⑨。背绳墨⑩以追曲兮,竞周容⑪以为度。忳郁邑余侘傺⑫兮,吾独穷困乎此时也。宁溘死以流亡⑬兮,余不忍为此态也。鸷鸟⑭之不群兮,自前世而固然。何方圜之能周⑮兮,夫孰异道而相安。屈心而抑志兮,忍尤而攘诟⑯。伏⑰清白以死直兮,固前圣之所厚⑱。

(选自战国·屈原《离骚》)

注释:

①太息:叹息。掩:拭。涕:眼泪。

②虽:即"唯"。鞿羁(jī jī):自我约束。

③谇(suì):进谏。替:解职。

④纕(xiāng):佩带。

⑤申:重,加上。

⑥浩荡:文中意指广大浩渺,但不能专于一点。

⑦蛾眉:细长的眉,弯如蚕蛾之眉,此处喻美好的容貌。

⑧谣诼(zhuó):谗毁。

⑨偭(miǎn):面对着。规:画圆的工具。矩:画方的工具。错:措施,设置。

⑩绳墨：准绳与墨斗。

⑪周容：苟合以取容。

⑫忳（tún）：愤懑。郁邑：通"郁悒"，心情抑郁的样子。侘傺（chà chì）：失神而立。

⑬溘（kè）：忽然。流亡：顺水而逝。

⑭鸷（zhì）鸟：一种刚烈而不合群的鸟。为屈原自喻。

⑮圜（yuán）：通"圆"。周：周全配合。

⑯尤：责备。攘：取。诟：辱。

⑰伏：通"服"，保持。

⑱厚：看重。

【文意疏通】

我揩拭着辛酸的眼泪，声声长叹，哀叹人生的航道充满了艰辛。我只不过是洁身自好却因此遭殃受累，早晨去进谏，到傍晚就遭毁弃！既因为我用香蕙作佩带而贬黜我啊，又因为我采集白芷而给我加上罪名。这些都是我内心之所珍爱，叫我死九次我也绝不改悔！我只怨君主啊！你是这般无思无虑，始终是不能明察我的用心。你周围的侍女嫉妒我的姿容，于是造出百般谣言，说我妖艳狐媚！那些贪图利禄的小人本来就善于投机取巧，方圆和规矩他们可以全部抛弃。追随着邪恶，背弃了法度，竞相以苟合求容作为处世准则。我忧郁烦闷，怅然失意，我困顿潦倒在这人妖颠倒的时期！我宁愿暴死而尸漂江河，也绝不和他们同流合污，沉瀣一气。哦，那凤鸟怎么能和家雀合群？自古以来本就这样泾渭分明。哪有圆孔可以安上方柄！哪有异路人能携手同行！我委屈着自己的心志，压抑着自己的情感，暂且忍痛把谴责和耻辱一起承担。保持清白之志而死于忠贞之节，这本为历代圣贤所称赞的！

【义理揭示】

屈原出身贵族,曾任三闾大夫兼管内政外交大事。他主张对内举贤能,修明法度,对外力主联齐抗秦,虽忠事楚怀王,却屡遭排挤,怀王死后又因顷襄王听信谗言而被流放。《离骚》是屈原自叙政治遭遇和心灵求索的长篇抒情诗。

在《离骚》这首诗中,屈原直言"宁溘死以流亡兮,余不忍为此态"。他为什么会"宁溘死以流亡"呢?其实,每个人心中或许都可能会有随波逐流与身殉理想两个选择。屈原最终选择了后者,因为他不仅是个至性至情的诗人,他更是一位忠臣,他想以此来唤醒、警醒世人。对屈原来说,如果理想不能实现,那么,宁愿死去!事实上,屈原也正是用自沉汨罗这一实际行动践行了"宁溘死以流亡兮,余不忍为此态"。这体现了他绝不同流合污的人格追求和为理想而献身的生命意识。

三 未知生,焉知死

【原文选读】

季康子问:"弟子孰为好学?"孔子对曰:"有颜回者好学,不幸短命死矣。今也则亡。"

颜渊死,颜路请子之车以为之椁①。子曰:"才不才,亦各言其子也。鲤也死,有棺而无椁。吾不徒行②以为之椁。以吾从大夫之后③,不可徒行也。"

颜渊死,子曰:"噫!天丧予!天丧予!"

颜渊死,子哭之恸④。从者曰:"子恸矣。"曰:"有恸乎?非夫人之为恸而谁为?"

颜渊死,门人欲厚葬⑤之。子曰:"不可。"门人厚葬之。子曰:"回也视予犹父也,予不得视犹子也⑥。非我也,夫二三子也。"

季路问事鬼神。子曰:"未能事人,焉能事鬼?"曰:"敢问死?"曰:"未知生,焉知死?"

(选自《论语·先进》)

注释:

①椁(guǒ):古人所用棺材,内为棺,外为椁。

②徒行:步行。

③从大夫之后:跟随在大夫们的后面,意即当过大夫。孔子在鲁国曾任司寇,是大夫一级的官员。

④恸(tòng):哀伤过度,过于悲痛。

⑤厚葬:隆重地安葬。

⑥予不得视犹子也:我不能把他当亲生儿子一样看待。

【文意疏通】

季康子问孔子:"你的学生中谁是好学的?"孔子回答说:"有一个叫颜回的学生很好学,不幸短命死了。现在再也没有像他那样的了。"

颜渊死了,他的父亲颜路请求孔子卖掉车子,给颜渊买个外椁。孔子说:"虽然颜渊和鲤一个有才一个无才,但各自都是自己的儿子。孔鲤死的时候,也是有棺无椁。我没有卖掉自己的车子步行而给他买椁。因为我还跟随在大夫之后,是不可以步行的。"

颜渊死了,孔子说:"唉!是老天爷真要我的命呀!是老天爷真要我的命呀!"

颜渊死了,孔子哭得极其悲痛。跟随孔子的人说:"您悲痛过度了!"孔子说:"是太悲伤过度了吗?我不为这个人悲伤过度,又为谁呢?"

颜渊死了,孔子的学生们想要隆重地安葬他。孔子说:"不能这样做。"学生们仍然隆重地安葬了他。孔子说:"颜回把我当父亲一样看待,我却不能把他当亲生儿子一样看待。这不是我的过错,是那些学生们干的呀。"

季路问怎样去事奉鬼神。孔子说:"没能事奉好人,怎么能事奉鬼呢?"季路说:"请问死是怎么回事?"孔子回答说:"还不知道活着的道理,怎么能知道死呢?"

【义理揭示】

在《论语·先进》中的这几则语录集中反映了孔子对待生与死的看法。颜渊是孔子的得意门生。颜渊死后,孔子十分悲痛,但他却不愿意卖掉车子。因为他曾经担任过大夫一级的官员,而大夫必须有自己的车子,不能步行,否则就违背了礼的规定。他的学生隆重地埋葬了颜渊后,孔子说,这不是自己的过错,而是学生们做的。这反映了孔子对礼的严谨原则,即使是在厚葬颜渊的问题上,仍是如此。

在孔子看来,在君父活着的时候,如果不能尽忠尽孝,君父死后也就谈不上孝敬鬼神。他希望人们能够忠君孝父。这表明了孔子在鬼神、生死问题上的基本态度,他不信鬼神,也不把注意力放在来世或死后的情形上,如果在君父生前要尽忠尽孝,至于对待鬼神就不必多提了。

四 所欲有甚于生者

【原文选读】

鱼，我所欲也；熊掌，亦我所欲也。二者不可得兼①，舍②鱼而取熊掌者也。生，亦我所欲也；义，亦我所欲也。二者不可得兼，舍生而取义者也。生亦我所欲，所欲有甚于生③者，故不为苟得④也；死亦我所恶，所恶有甚于死者，故患有所不辟⑤也。如使⑥人之所欲莫甚于生⑦，则凡可以得生⑧者何不用也？使人之所恶莫甚于死者，则凡可以辟患者何不为也？由是则生而有不用也，由是⑨则可以辟患而有不为也。是故⑩所欲有甚于生者，所恶有甚于死者。非独⑪贤者有是心也，人皆有之，贤者能勿丧耳。

（选自《孟子·告子上》）

注释：

①得兼：两种东西都得到。

②舍：舍弃。

③有甚于生：有比生命更重要的。甚：超过。于：比。

④苟得：苟且取得。

⑤辟（bì）：通"避"，躲避。

⑥如使：假如，假使。

⑦莫甚于生：没有什么比生命更重要。莫：没有什么。

⑧得生：保全生命。

⑨由是：根据这个道理。

⑩是故：这是因为。

⑪非独：不只，不仅。

【文意疏通】

鱼是我所喜爱的,熊掌也是我所喜爱的,如果这两种东西不能同时都得到的话,那么我就只好放弃鱼而选取熊掌了。生命是我所喜爱的,大义也是我所喜爱的,如果这两样东西不能同时都具有的话,那么我就只好牺牲生命而选取大义了。生命是我所喜爱的,但我所喜爱的还有胜过生命的东西,所以我不做苟且偷生的事;死亡是我所厌恶的,但我所厌恶的还有超过死亡的事,所以有了灾祸我不躲避。如果人们所喜爱的东西没有超过生命的,那么凡是能够用来求得生存的手段,哪一样不可以采用呢?如果人们所厌恶的事情没有超过死亡的,那么凡是能够用来逃避灾祸的事情,哪一桩不可以干呢?采用某种手段就能够活命,可是有的人却不肯采用;采用某种办法就能够躲避灾祸,可是有的人也不肯采用。由此可见,他们所喜爱的有比生命更宝贵的东西;他们所厌恶的,有比死亡更严重的东西。不仅仅是贤人才有这种本性,人人都有,不过贤人能够不丧失罢了。

【义理揭示】

舍生取义是妇孺皆知的孟子的言论。在这里,孟子用面对鱼和熊掌之间的抉择,比喻面对生命和大义之间的选择,非常形象地说明了有比生命更重要的东西。其实,对任何一个人来说,生命诚可贵!因为每个人的生命只有一次,生命如此美好。但是又为什么要舍生取义呢?孟子从三个方面进行了阐释:一、义比生更珍贵,在二者不可兼得时应该舍生取义。二、如果没有比生命更为人们所珍惜的,那么人们的行为不是会变得无所不为、卑鄙无耻!三、通过

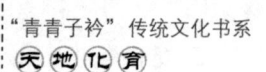

不正当的办法来求生是人人所不齿的。在孟子这一思想的指引下，历史上有无数仁人志士勇于为了国家和民族杀身成仁、舍生取义，在中国历史上留下了浓墨重彩的一笔。

五 安时而处顺

【原文选读】

公文轩见右师而惊曰："是何人也？恶乎介①也？天与，其人与？"曰："天也，非人也。天之生是使独②也，人之貌有与也。以是知其天也，非人也。"

泽雉③十步一啄，百步一饮，不蕲畜乎樊④中。神虽王⑤，不善也。

老聃死，秦失吊之，三号⑥而出。弟子曰："非夫子之友邪？"曰："然。""然则吊焉若此，可乎？"曰："然。始也吾以为其人也，而今非也。向⑦吾入而吊焉，有老者哭之，如哭其子；少者哭之，如哭其母。彼其所以会⑧之，必有不蕲言而言，不蕲哭而哭者。是遁天倍⑨情，忘其所受⑩，古者谓之遁天之刑⑪。适来⑫，夫子时也；适去，夫子顺也。安时而处顺，哀乐不能入也，古者谓是帝之县⑬解。"

指穷于为薪⑭，火传也，不知其尽也。

（选自战国·庄周《庄子·内篇·养生主》）

注释：

①介：独，只有一只脚。

②是：此，指代形体上只有一只脚的情况。独：只有一只脚。

③雉（zhì）：雉鸟，俗称野鸡。

④蕲（qí）：祈求，希望。畜：养。樊：笼。

⑤王（wàng）：通"旺"，旺盛。

⑥号（háo）：这里指大声地哭。

⑦向：刚才。

⑧所以：……的原因。会：聚，碰在一块儿。

⑨遁：逃避，违反。倍：通"背"，背弃。

⑩忘其所受：忘掉了受命于天的道理。

⑪刑：过失。"遁天之刑"是说感伤过度，势必违反自然之道而招来过失。

⑫适：偶然。来：来到世上，与下一句的"去"讲离开人世相对立。这里的"来""去"实指人的生和死。

⑬帝：天，万物的主宰。县（xuán）：通"悬"。

⑭指：即脂，又称烛，用以取光照物。穷：尽。

【文意疏通】

公文轩见到右师大吃一惊，说："这是什么人？怎么只有一只脚呢？是天生只有一只脚，还是人为地失去一只脚呢？"右师说："天生成的，不是人为的。老天爷就生了我这样一副形体让我只有一只脚，人的外观完全是上天所赋予的。所以知道是天生的，不是人为的。"沼泽边的野鸡走上十步才能啄到一口食物，走上百步才能喝到一口水，可是它丝毫也不会祈求被畜养在笼子里。生活在樊笼里虽然不必费力寻食，但精力即使十分旺盛，那也是很不快意的。

老聃死了，他的朋友秦失去吊丧，大哭几声便离开了。老聃的弟子问道："你不是我们老师的朋友吗？"秦失说："是的。"弟子们又问："那么吊唁朋友像这样，行吗？"秦失说："行。原来我认为你们跟随老师多年都是超然物外的人了，现在看来并不是这样的。刚才我进入灵房去吊唁，有老年人在哭他，像做父母的哭自己的孩子；有年轻人在哭他，像做孩子的哭自己的父母。他们之所以会聚在这里，一定有人本不想说什么却情不自禁地诉说了什么，本不想哭泣却情不自禁地痛哭起来。如此喜生恶死是违反常理、背弃真情的，他们都忘掉了人是秉承于自然、受命于天的道理，古时候人们称这种做法为背离自然的过失。偶然来到世上，你们的老师他应时而生；偶然离开人世，你们的老师他顺依而死。安于天理和常分，顺从自然和变化，哀伤和欢乐便都不能进入心怀，古时候人们称这样做为自然的解脱，好像解除倒悬之苦似的。"

　　取光照物的烛薪终会燃尽，而火种却传续下来，永远不会熄灭。

【义理揭示】

　　在庄子的思想中，他既追求无所依凭自由自在，又反对人为地顺其自然。这段文字虽还是在谈论养生，进一步说明听凭天命、顺应自然、"安时而处顺"的生活态度，但是实际上也是在宣扬庄子的哲学思想和生活旨趣。

　　安时处顺是要人们安于常分，满足现状，顺其自然。这也就是说要摆正心态，要认识到自己的渺小。人活在这世界上，绝对不是想干什么就能干什么的，也不是想要什么就能得到什么的。秦失吊唁老聃，"三号而出"，这或许能够让我们对生命的认识更进一步。

六 报任安书

【原文选读】

夫人情莫不贪生恶死，念父母，顾妻子。至激于义理者不然，乃有不得已也。今仆不幸，蚤①失父母，无兄弟之亲，独身孤立。少卿视仆于妻子何如哉？且勇者不必死节，怯夫慕义，何处不勉焉！仆虽怯耎②欲苟活，亦颇识去就之分矣，何至自湛溺累绁③之辱哉？且夫臧获④婢妾犹能引决，况若仆之不得已乎？所以隐忍苟活，幽于粪土之中而不辞者，恨私心有所不尽，鄙陋没世而文采不表于后也。

古者富贵而名摩灭，不可胜记，唯倜傥⑤非常之人称焉。盖西伯拘而演《周易》⑥；仲尼厄而作《春秋》⑦；屈原放逐，乃赋《离骚》⑧；左丘⑨失明，厥有《国语》；孙子⑩膑脚，《兵法》修列；不韦⑪迁蜀，世传《吕览》；韩非⑫囚秦，《说难》《孤愤》。《诗》三百篇，大抵圣贤发愤之所为作也。此人皆意有所郁结，不得通其道，故述往事，思来者。乃如左丘明无目，孙子断足，终不可用，退论书策以舒其愤，思垂空文以自见。

（选自西汉·司马迁《报任安书》）

注释：

①蚤：通"早"。

②耎（ruǎn）："软"的古字。

③湛（chén）：通"沉"。累绁（xiè）：捆绑犯人的绳子，引申为捆绑、牢狱。

④臧获：奴曰臧，婢曰获。

⑤倜傥（tì tǎng）：豪迈不受拘束。

⑥西伯拘而演《周易》：传说周文王被殷纣王拘禁在牖里时，把古代的八卦推演为六十四卦，成为《周易》的骨干。

⑦仲尼厄而作《春秋》：孔丘周游列国宣传儒道，在陈地和蔡地受到围攻和绝粮之苦，返回鲁国作《春秋》一书。

⑧屈原放逐，乃赋《离骚》：曾两次被楚王放逐，幽愤而作《离骚》。

⑨左丘：即春秋时鲁国史官左丘明。

⑩孙子：春秋战国时著名军事家孙膑，曾被庞涓骗入魏割去了膝盖骨。

⑪不韦：吕不韦，战国末年大商人，秦初为相国。曾命门客著《吕氏春秋》（一名《吕览》）。始皇十年，令吕不韦举家迁蜀，吕不韦自杀。

⑫韩非：战国后期韩国公子，曾从荀卿学，入秦被李斯所谗，下狱死。著有《韩非子》，《说难》《孤愤》是其中的两篇。

【文意疏通】

人之常情，没有谁不贪生怕死，都挂念父母，顾虑妻室儿女。至于那些激愤于正义公理的人当然不是这样，这里有迫不得已的情况。如今我很不幸，早早地失去双亲，又没有兄弟互相爱护，独身一人，孤立于世，少卿你看我对妻室儿女又怎样呢？况且一个勇敢的人不一定要为名节去死，怯懦的人仰慕大义，又何处不勉励自己呢？我虽然怯懦软弱，想苟活在人世，但也颇能区分弃生就死的界限，哪会自甘沉溺于牢狱生活而忍受屈辱呢？再说奴隶婢妾尚且懂得自杀，何况像我到了这样不得已的地步！我之所以忍受着屈辱苟且活下来，陷在污浊的监狱之中却不肯死的原因，是遗憾我内心的志愿有未达到的，平平庸庸地死了，文章就不能在后世显露。

古时候虽富贵但名字磨灭不传的人，多得数不清，只有那些卓异而不平常的人才在世上著称。西伯姬昌被拘禁而扩写《周易》；孔子受困窘而作《春秋》；屈原被放逐，才写了《离骚》；左丘明失去视力，才有《国语》；孙膑被截去膝盖骨，《兵法》才撰写出来；吕不韦被贬谪蜀地，后世才流传着《吕氏春秋》；韩非被囚禁在秦国，写出《说难》《孤愤》。《诗》三百篇，大都是一些圣贤们为抒发愤懑而写作的。这些都是人们感情有压抑郁结不解的地方，不能实现其理想，所以记述过去的事迹，让将来的人了解他的志向。就像左丘明没有了视力，孙膑断了双脚，终生不能被人重用，便退隐著书立说来抒发他们的怨愤，想到活下来从事著作来表现自己的思想。

【义理揭示】

这一段文字集中体现了司马迁的生死观。

"人固有一死，或重于泰山，或轻于鸿毛。"司马迁说得非常明确："所以隐忍苟活，函粪土之中而不辞者，恨私心有所不尽，鄙没世而文采不表于后也。"从中我们可以看出司马迁去选择辱没先人的腐刑，是经过了深思熟虑的。而从历史的角度来看，这是正确的选择，更是理性的选择。虽然他自己也认识到了很多人会贪生怕死，但是他没有像孟子所说的那样舍生取义。司马迁选择了隐忍苟活，绝不是因为他怕死。《史记》的成功才是司马迁人生最高价值的完美体现！

七 烈士暮年，壮心不已

【原文选读】

神龟虽寿①，犹有竟②时。

腾蛇③乘雾,终为土灰。
老骥伏枥④,志在千里。
烈士⑤暮年,壮心不已。
盈缩之期⑥,不但在天;
养怡⑦之福,可得永年⑧。
幸甚至哉,歌以咏志。

(选自三国·曹操《龟虽寿》)

注释:

①神龟:传说中的一种长寿龟。寿:长寿。

②竟:终极,终了。

③腾(téng)蛇:传说中的一种能驾雾飞行的蛇。腾:也作螣。

④骥(jì):千里马。伏枥(lì):卧在马棚里,形容马病老的样子。枥:马棚。

⑤烈士:舍生取义,有志建功立业的人。

⑥盈缩之期:指人的寿命长短。盈:满,长。缩:短。

⑦养:保养。怡:愉快。

⑧永年:长寿。"养怡之福,可得永年"是说如果能使人的身体和精神经常保持安静愉快,就能健康长寿。

【文意疏通】

神龟尽管长寿,总有死的一天。腾蛇虽能乘雾,终究难免化为灰土。老马伏依在马槽上,心里总想着奔驰千里。刚烈的志士到了暮年,壮志依然不减当年。人生寿命的长短,不只是在于老天;保养身体是福,可以益寿延年。庆幸极了!以歌抒发情志。

【义理揭示】

人的生命是有限的。在有限的生命里该做些什么？又该如何在有限的生命历程中做更多有意义有价值的事情？

曹操《龟虽寿》中的"老骥伏枥，志在千里。烈士暮年，壮心不已"给了我们答案。曹操自比一匹上了年纪的千里马，虽然形老体衰，屈居枥下，但胸中仍然激荡着驰骋千里的豪情。的确，有志于一番事业的人，即使到了晚年，那颗勃勃雄心也不会消沉，对宏伟理想追求永不会停息！人就要在有限的生命里，充分发挥主观能动性，去积极进取，建功立业。曹操所说的"养怡之福"，不是指无所事事，坐而静养，而是说一个人的精神状态是最重要的，不应因年暮而消沉，而要"壮心不已"，要有永不停止的理想追求和积极进取精神。

八 人之相与，俯仰一世

【原文选读】

夫人之相与①，俯仰②一世。或取诸怀抱，悟言③一室之内；或因寄所托，放浪形骸之外④。虽趣舍万殊⑤，静躁⑥不同，当其欣于所遇，暂得于己，快然自足⑦，不知老之将至；及其所之⑧既倦，情随事迁⑨，感慨系⑩之矣。向⑪之所欣，俯仰之间，已为陈迹⑫，犹不能不以之兴怀⑬，况修短随化⑭，终期⑮于尽！古人云："死生亦大矣"，岂不痛哉！

每览昔人兴感之由，若合一契⑯，未尝不临文嗟悼⑰，不能喻⑱之于怀。固知一死生为虚诞，齐彭殇为妄作⑲。后之视今，亦犹今之视昔，悲夫！故列叙时人，录其所述，虽世殊事异⑳，所以兴怀，其致一也。后之览者，亦将有感于斯文。

（选自东晋·王羲之《兰亭集序》）

注释：

①相与：相处，相交往。

②俯仰：一俯一仰之间，表示时间的短暂。

③悟（wù）言：坦诚交谈。

④因寄所托，放浪形骸之外：就着自己所爱好的事物，寄托自己的情怀，不受约束，放纵无羁的生活。因：依，随着。寄：寄托。所托：所爱好的事物。放浪：放纵，无拘束。形骸：身体，形体。

⑤趣（qū）舍万殊：各有各的爱好。趣：趋向，取向。舍：舍弃。万殊：千差万别。

⑥静躁：安静与躁动。

⑦快然自足：感到高兴和满足。

⑧之：往、到达。

⑨情随事迁：感情随着事物的变化而变化。

⑩系：附着。

⑪向：过去，以前。

⑫陈迹：旧迹。

⑬以之兴怀：因它而引起心中的感触。以：因。兴：发生，引起。

⑭修短随化：寿命长短听凭造化。化：自然。

⑮期：至，及。

⑯契（qì）：符契，古代的一种信物。在符契上刻字，剖而为二，各执一半，作为凭证。

⑰临文嗟悼（jiē dào）：读古人文章时叹息哀伤。临：面对。

⑱喻：明白。

⑲固知一死生为虚诞，齐彭殇（shāng）为妄作：本来知道把死和生等同

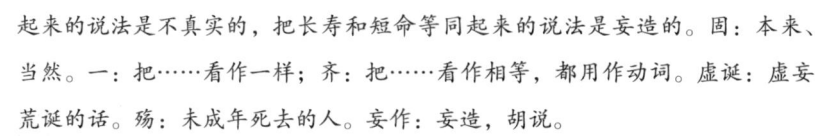

起来的说法是不真实的，把长寿和短命等同起来的说法是妄造的。固：本来、当然。一：把……看作一样；齐：把……看作相等，都用作动词。虚诞：虚妄荒诞的话。殇：未成年死去的人。妄作：妄造，胡说。

⑳虽世殊事异：纵使时代变了，事情不同了。虽：纵使。

【文意疏通】

人与人相互交往，很快便度过一生。有的人在室内畅谈自己的胸怀抱负；有的人就着自己所爱好的事物，寄托情怀，放纵无羁地生活。虽然各有各的爱好，安静与躁动各不相同，但当他们对所接触的事物感到高兴时，一时感到自得、感到高兴和满足，竟然不知道衰老将要到来。等到对得到或喜爱的东西已经厌倦，感情随着事物的变化而变化，感慨随之产生。过去所喜欢的东西，转瞬间，已经成为旧迹，尚且不能不因为它引发心中的感触，况且寿命长短，听凭造化，最后归结于消灭。古人说："死生毕竟是件大事啊。"怎么能不让人悲痛呢？

每当看到前人所发感慨的原因，其缘由像一张符契那样相和，总难免要在读前人文章时叹息哀伤，不能明白于心。本来知道把生死等同的说法是不真实的，把长寿和短命等同起来的说法是妄造的。后人看待今人，也就像今人看待前人，可悲呀。所以一个一个记下当时与会的人，录下他们所作的诗篇。纵使时代变了，事情不同了，但触发人们情怀的原因，他们的思想情趣是一样的。后世的读者，也将对这次集会的诗文有所感慨。

【义理揭示】

在第一段文字中，王羲之阐明了自己对人生的看法，感慨人生短暂，盛事不常。作者认识到"人之相与，俯仰一世"的两种不同表现：有人会"取诸怀抱，晤言一室之内"，有人会"因寄所托，放浪形骸之外"。但是，无论哪一种人生方式，当人们"欣于所遇"时，都会"快然自足"，却"不知老之将至"。由此，作者发出"修短随化，终期于尽"的慨叹，推进到生死的大问题，道出了作者心中"痛"之所在。

最后一段不仅交代了作者作序的缘由，还紧承上文"死生亦大矣"感发议论，从亲身感受谈起，把笔锋转向了对老庄关于"一生死""齐彭祖"论调的批判，认为那完全是"虚诞"和"妄作"。对老庄这种思想的大胆否定，是难能可贵的，也足以引起后人的感怀。

九 浮生若梦，为欢几何

【原文选读】

夫天地者，万物之逆旅①也；光阴者，百代之过客②也。而浮生若梦，为欢几何③？古人秉④烛夜游，良有以⑤也。况阳春召我以烟景⑥，大块假我以文章⑦。会桃李之芳园⑧，序天伦⑨之乐事。群季⑩俊秀，皆为惠连⑪；吾人咏歌⑫，独惭康乐⑬。幽赏未已⑭，高谈转清⑮。开琼筵以坐花⑯，飞羽觞而醉月⑰。不有佳咏，何伸雅怀⑱？如诗不成，罚依金谷酒数。⑲

（选自唐·李白《春夜宴从弟桃李园序》）

注释：

①逆旅：旅馆。逆：迎，迎接宾客的地方。

②过客：过路的旅客。

③几何：多少。

④秉：执。

⑤良：实在，的确。以：原因，道理。

⑥烟景：春天的美好景色。

⑦大块：大自然。文：通"纹"。章：指章法。文章：合意纹路章法或错综美丽的色彩或花纹，这里指锦绣般的自然景物。

⑧芳园：即花园。

⑨序：欢叙，畅谈。天伦：旧指父子、兄弟等天然的亲属关系。

⑩群季：诸弟。古人兄弟按年龄排列，称伯、仲、叔、季。

⑪惠连：南朝宋文学家谢惠连，陈郡阳夏人。谢灵运的族弟，当时人称他们为"大小谢"。作者借以赞誉诸弟的才华。

⑫吾人：即吾。相当于现代汉语的"我"。咏歌：吟诗，作诗。

⑬独惭：犹言自愧。康乐：即谢灵运。他在晋时袭封康乐公，所以称谢康乐。他是南朝宋的著名诗人，善于描绘自然景色，开文学史上的山水诗一派。这里是作者借以自愧。

⑭幽：沉静，安闲。

⑮清：清雅。

⑯琼筵（yán）：比喻珍美的筵席。坐花：坐在花间。

⑰飞：形容不断举杯喝酒。羽觞：古代喝酒用的两边有耳的杯子。醉月：即醉于月下。

⑱伸：抒发。雅怀：高雅的情怀。

⑲依：按照，根据。金谷酒数：泛指宴会上罚酒的杯数。晋朝富豪石崇家有金谷园。石崇常在园中同宾客饮宴，即席赋诗，不会作的要罚酒三杯。

【文意疏通】

天地是万物的旅舍，时光是百代的过客。人生飘浮无常，好似梦幻一般,欢乐的日子能有多少呢?古人拿着蜡烛,在夜间游乐,确实是有原因的!何况清明温和的春天以秀美的景色来招引我们,大自然又给我们提供了一派锦绣风光。现在聚会在桃李芬芳的花园里,畅谈兄弟间的乐事。诸弟聪明过人,都有谢惠连的才华。大家咏诗歌唱,唯独我不能和谢康乐相比而感到羞愧。静静地欣赏春夜的景色还没有完,纵情的谈论又转向清雅。摆出豪华的筵席,坐在花丛中间,酒杯频传,醉倒在月光之下。没有好的诗篇,怎能抒发高雅的情怀?如有作诗不成的,按照金谷园的先例,罚酒三杯。

【义理揭示】

在桃李芬芳的季节,行游在醉柳清烟之园,映现在诗人眼中的是美丽无限的阳春风光。值此良辰美景,摆酒设宴,谈笑风生,赋诗嬉戏,确是人生一大乐事。"浮生若梦,为欢几何?"李白认识到了生命的短暂,但还是以宽广的胸怀,把人生的宠辱浮沉轻轻挥去,吐纳借酒放歌的豪情,吟出雅逸的诗篇。这与曹操"对酒当歌,人生几何"有相似的豪迈之处,更能表现出李白特有的那种高傲蔑俗。

十 哀吾生之须臾

【原文选读】

苏子愀然①,正襟危坐②而问客曰:"何为其然也③?"客曰:"'月明星稀,乌鹊南飞。'此非曹孟德之诗乎?西望夏口④,东望武昌,山川相缪⑤,郁乎⑥苍苍,此非孟德之困于周郎者乎?方其破荆州,下江陵,顺流而东也,舳舻⑦千里,旌旗蔽空,酾酒⑧临江，横槊⑨赋诗，固一世之雄也，而今安在哉？况吾与子渔樵于江渚之上，侣鱼虾而友麋⑩鹿，驾一叶之扁舟⑪，举匏樽⑫以相属。寄蜉蝣⑬于天地，渺沧海⑭之一粟。哀吾生之须臾⑮，羡长江之无穷。挟飞仙以遨游，抱明月而长终⑯。知不可乎骤⑰得，托遗响⑱于悲风⑲。"

（选自北宋·苏轼《前赤壁赋》）

注释：

①愀（qiǎo）然：容色改变的样子。

②正襟危坐：整理衣襟，严肃地端坐着。

③何为其然也：箫声为什么会这么悲凉呢？

④夏口：故城在今湖北武昌。

⑤缪（liáo）：通"缭"，盘绕。

⑥郁乎：茂盛的样子。

⑦舳舻（zhú lú）：战船前后相接，这里指战船。

⑧酾（shī）酒：滤酒，这里指斟酒。

⑨横槊（shuò）：横执长矛。槊：长矛。

⑩侣：以……为伴侣，这里为意动用法。麋（mí）：鹿的一种。

⑪扁（piān）舟：小舟。

⑫匏樽（páo zūn）：用葫芦做成的酒器。匏：葫芦。

⑬寄：寓托。蜉蝣（fú yóu）：一种朝生暮死的昆虫。此句比喻人生之短暂。

⑭渺：小。沧海：大海。

⑮须臾：片刻，形容生命之短。

⑯长终：至于永远。

⑰骤：多。

⑱遗响：余音，指箫声。

⑲悲风：秋风。

【文意疏通】

苏轼的神色也愁惨起来，整好衣襟坐端正，向同伴问道："箫声为什么这样哀怨呢？"同伴回答："'月明星稀，乌鹊南飞'，这不是曹公孟德的诗么？这里向东可以望到夏口，向西可以望到武昌，山河接壤连绵不绝，目所及一片郁郁苍苍。这不正是曹孟德被周瑜所围困的地方么？当初他攻陷荆州，夺得江陵，沿长江顺流东下，麾下的战船延绵千里，旌旗将天空全都蔽住，在江边持酒而饮，横转矛槊吟诗作赋，委实是当世的一位英雄人物，而今天又在哪里呢？何况我与你在江边的水渚上打鱼砍柴，与鱼虾做伴，与糜鹿为友，在江上驾着这一叶小舟，举起杯盏相互敬酒，如同蜉蝣置身于广阔的天地中，像沧海中的一粒粟米那样渺小。唉，哀叹我们的一生只是短暂的片刻，不由羡慕长江的没有穷尽。想要与仙人携手遨游各地，与明月相拥而永存世间。知道这些终究不能实现，只得将憾恨化为箫音，寄托在悲凉的秋风中罢了。"

【义理揭示】

苏轼的《前赤壁赋》是中国古代文学史上的名篇。苏轼被贬至黄州期间，思想是矛盾的：一方面，他对受到残酷打击感到愤懑、痛苦；另一方面，时时想从老庄佛学中求得解脱。这段选文就是借客人之口抒写了自己对人生无常生命短促的感叹。选文中主人先以"何为其然也"发问，然后由客人以赤壁的历史古迹作答，文理转折自然。"此非曹孟德之诗乎？""此非孟德之困于周郎者乎？""而今安在哉？"连续三次发问使文章频起波澜。连横槊赋诗的一世之雄也只能显赫一时，何况芸芸众生？作者在感叹生命的短暂，羡慕江水长流不息的同时，只能把那些不切实际的幻想连同悲伤愁苦"托遗响于悲风"，通过箫声传达出来。

十一 未觉池塘春草梦

【原文选读】

少年易老学难成，一寸光阴不可轻①。

未觉池塘春草梦，阶前梧叶已秋声。

（选自南宋·朱熹《偶成》）

注释：

①轻：轻视，这里指珍惜。

【文意疏通】

时光容易逝去，少年的时光如果不珍惜，一晃就要慢慢走向衰老，如果老了才想起学习，就困难多了。哪怕是一点点的光阴都不要轻视，春天刚刚来临，还没有发觉到春草绿了，转眼间台阶前的梧桐叶已经发黄了。

【义理揭示】

《偶成》是朱熹的人生感悟，也是他成就名家的经典箴言。在诗中，他一方面感叹人生苦短，另一方面又在告诫人们要珍惜光阴，要抓紧时间学习，只有这样将来才不会因虚度年华碌碌无为而悔恨懊恼。细细品读诗句，我们会体味到这是大学问家朱熹发自内心的生命感触。知道了时间的宝贵，并及早在行动中与时间赛跑，才能绽放出生命的精彩和价值。

十二 寒花葬志

【原文选读】

婢①，魏孺人媵②也。嘉靖丁酉五月四日死。葬虚丘③。事我而不卒，命也夫！

婢初媵④时，年十岁，垂双鬟⑤，曳⑥深绿布裳。一日天寒，爇火煮荸荠熟⑦，婢削之盈瓯⑧，予入自外，取食之，婢持去不与。魏孺人笑之。孺人每令婢倚几旁饭⑨，即饭，目眶冉冉⑩动，孺人又指予以为笑。回思是时，奄忽⑪便已十年。吁，可悲也已！

（选自明·归有光《寒花葬志》）

注释：

①婢：这里指婢女寒花。

②魏孺人：作者的妻子魏氏。孺人，明清七品官的母亲或妻子的封号。媵（yìng）：古代随嫁的男女都称为媵。

③虚丘：这里应为"丘虚"，指荒地。

④媵：这里用作动词，陪嫁。

⑤鬟（huán）：妇女梳的环形的发髻。

⑥曳（yè）：拖着，这里是拉的意思。

⑦爇（ruò）：点火，点燃。荸荠（bí qí）：多年生草本植物，可以吃。

⑧盈瓯（ōu）：装满一盆。

⑨饭：吃饭。

⑩冉冉（rǎn rǎn）：形容缓慢移动或飘忽迷离。

⑪奄忽（yǎn hū）：忽然，很快的。

【文意疏通】

寒花，妻子随嫁的婢女。在嘉靖的丁酉年五月四日死的，埋葬在虚丘（地名）。她服侍我而不能到老，这是命啊！

当初，寒花刚陪嫁过来时才十岁，梳着两个环形发髻，拖着深绿色的裙子。一天，天很寒冷，她点火煮熟了荸荠，削了满满一瓦盆。我从外面回来，要取荸荠来吃，她端着荸荠离开，不给我吃。妻子魏孺人见了便取笑我们。妻子常常让她靠在小桌子旁边吃饭，她吃饭时，眼眶慢慢地翻动。妻子又指着她那样子对着我笑。回想当时的情景，转眼已经十年了。唉，真可悲呀！

【义理揭示】

归有光少年丧母，两次丧妻，儿女或早夭，或长成之际猝然离世，使他在人生中体味到了太多的无奈与悲凉。但是，他把这种种对人世不公的愤恨与无奈化为了一种哀而不伤的淡淡笔触，向人们娓娓道来。文章表达了作者对寒花悲惨命运的悲悯和同情，同时也是作者自身的象征，表达了作者的身世浮沉。文中寒花的神态和情趣恍若眼前。疏淡几笔，情味十足。尤其是最后两句，情感抒发到了极致。"回思是时，奄忽便已十年。吁，可悲也已！"岁月忽忽，光景如白驹过隙，转瞬已有十个春秋。而今，爱妻病故，娇仆早夭，大有人去楼空之感。短短十字蕴含着难以排解的孤独与难以诉说的沉痛。一声声腔悠长的"吁"，饱含着多少岁月和人生的感伤情调！

十三 祭妹文

【原文选读】

呜呼！汝生于浙，而葬于斯，离吾乡七百里矣；当时虽觭梦①幻想，宁知此为归骨所耶？

汝以一念之贞，遇人仳离②，致孤危托落③，虽命之所存，天实为之；然而累汝至此者，未尝非予之过也。予幼从先生授经，汝差肩而坐④，爱听古人节义事；一旦长成，遽躬蹈⑤之。呜呼！使汝不识《诗》《书》，或未必艰贞若是。

余捉蟋蟀，汝奋臂出其间；岁寒虫僵，同临其穴。今予殓汝葬汝，而当日之情形，憬然赴目⑥。予九岁，憩⑦书斋，汝梳双髻，披单缣⑧来，温《缁衣》一章；适先生奓户⑨入，闻两童子音琅琅然⑩，不觉莞尔⑪，连呼"则则"，此七月望日事也。汝在九原，当分明记之。予弱冠粤行⑫，汝掎裳悲恸⑬。逾三年，予披宫锦还家，汝从东厢扶案出，一家瞠视而笑⑭，不记语从何起，大概说长安登科、函使报信迟早云尔。凡此琐琐，虽为陈迹，然我一日未死，则一日不能忘。旧事填膺⑮，思之凄梗，如影历历⑯，逼取便逝⑰。悔当时不将婴婉⑱情状，罗缕记存⑲；然而汝已不在人间，则虽年光倒流，儿时可再⑳，而亦无与为证印者矣。

（选自清·袁枚《祭妹文》）

注释：

①觭（jī）梦：这里是做梦的意思。觭：得。

②遇人仳（pǐ）离：意指遇到了不好的男人而终被离弃。遇人：即"遇人

不淑"。仳离：分离，特指妇女被丈夫遗弃。

③孤危：孤单困苦。托落：即落拓，失意无聊。

④差（cī）肩而坐：谓兄妹并肩坐在一起。二人年龄有大小，所以肩膀高低不一。

⑤遽（jù）：骤然，立即。躬（gōng）：身体，引申为亲自。蹈（dǎo）：踏，踩，实行。

⑥憬然赴目：清醒地来到眼前。憬然：醒悟的样子。

⑦憩（qì）：休息。

⑧单缣（jiān）：这里指用缣制成的单层衣衫。缣：双丝织成的细绢。

⑨甫：刚好。齾（zhà）户：开门。

⑩琅（láng）琅然：清脆流畅的样子。形容读书声。

⑪莞（wǎn）尔：微笑的样子。

⑫弱冠（guàn）：男子到了他举行冠礼（正式承认他是个成年人）。粤（yuè）行：到广东去。

⑬掎（jǐ）：拉住。恸（tòng）：痛哭。

⑭瞠（chēng）视而笑：瞪眼看着笑，形容惊喜激动的情状。

⑮填膺（yīng）：充满胸怀。

⑯历历：清晰得一一可数的样子。

⑰逼取便逝：真要接近它，它就消失了。

⑱婴婗（yī ní）：婴儿。这里引申为儿时。

⑲罗缕（lǚ）记存：排成一条一条，记录下来保存着。

⑳可再：可以再有第二次。

【文意疏通】

唉！你生在浙江，却葬在此地，远离我们的故乡七百里了；当时你即使做梦、幻想，也怎会知道这里竟是你的埋骨所在呢？

你因为坚守从一而终的贞节观念，嫁了一个品德败坏的丈夫而被遗弃，以致陷在孤苦落拓的境地，虽然这是命中注定，是上天的安排，然而连累你到这种地步，也未尝不是我的过错。我幼年时跟从老师诵读四书五经，你同我并肩坐在一起，爱听那些古人的节义故事；一旦长大成人，你立即亲身来实践。唉！要是你不懂得经书，也许未必会像这样苦守贞节。

我捉蟋蟀，你紧跟我捋袖伸臂，抢着捕捉；寒冬蟋蟀死了，你又同我一起挖穴埋葬它们。今天我收殓你的尸体，给你安葬，而当年的种种情景，却一一清晰地呈现在眼前。我九岁时，在书房里休息，你梳着两个发髻，披了一件细绢单衣进来，共同温习《诗经》中的《缁衣》一章；刚好老师开门进来，听到两个孩子琅琅的读书声，不禁微笑起来，连声"啧啧"称赞。这是七月十五日的事情。你在九泉之下，一定还清楚地记得。我二十岁去广东，你拉住我的衣裳，悲伤痛哭。过了三年，我考中进士，衣锦还乡，你从东厢房扶着长桌出来，一家人瞠着眼相视而笑，记不得当时话是从哪里说起，大概是说了些在京城考进士的经过情况以及报信人来得早、晚等等吧。所有这些琐碎的事情，虽然已经成为过去，但只要我一天不死，就一天也不能忘却。往事堆积在我的胸中，想起来，心头悲切得像被堵塞似的。它们像影子一样非常清晰，但真要靠近它抓住它，却又不见了。我后悔当时没有把这些儿时的情状，一条一条详细地记录下来；然而你已不在人间了，那么即使年光可以倒流回去，儿童时代可以重新来过，也没有人来为它们对照证实的了。

【义理揭示】

袁枚倡导"性灵说"，主张为文要有"真情"。《祭妹文》不拘格式，写得情真意切，生动感人。文中作者对亡妹的哀痛之情不单单是因为对妹妹的挚爱,还饱含着对她的同情和怜悯,对邪恶不公的愤懑,对"一念之贞"的痛恨,对自己未尽职责的无限悔恨。

文章起笔交代亡妹所葬之地、祭奠时间、祭者身份等,以"呜呼"转折,为全文奠定了凄切哀婉的悲怆基调。接着,简洁叙述妹妹的死因:"以一念之贞,遇人仳离,致孤危托落",又追忆了与书文共度的难忘时光。往日种种琐事,如影历历,仿佛就发生在昨天。"然而汝已不在人间,则虽年光倒流,儿时可再,而亦无与为证印者矣。"读到此,读者亦为作者遗失的美好感到痛心。

作者在回忆童年与妹同度之琐事时,仿佛信手拈来,清灵隽妙;悲悼亲人之遽然长逝又句句血泪,感人肺腑。他在叙事中寄寓哀痛,行文中饱含真情,具有摧人痛断肝肠的艺术感染力。

文化倾听

中国古人对生命的认识与探求带有朴素的神秘感和敬畏感。对生老病死的认识也由最初的畏惧和不知所措,到逐渐认识到生命是一段旅程,生命来自自然天地最后也必会回归自然。

古人对生命的认识多是从哲学角度和美学观念出发,而非从科学的角度来探究。他们对生命之旅的探求是为了追求天地人的和谐统一。由于科学技术,尤其是医学的局限,古人对生命之旅的认识只能从哲学等角度来探究。甚至在没有任何办法解决生命认识上的难题时,古人只能通过虚拟的神话传说来安慰自己。历朝统治者为了巩固自己的统治地位,都极其重视个人的出身问题。尤其是开国统治者大都会说他们登基称帝是顺从天意,接受天命,宣扬"君权神授"论。《诗经》中的《生民》最早印证了这一点。周人在叙述其始祖时也是虚构姜嫄神奇受孕的经历,宣扬后稷的生命来自天神。后来《史记》记载汉高祖刘邦的身世,也是用了类似的手法。就连传国玺文也撰文"受命于天,既寿永昌"于其上。受此启发,后世之人也会借历史上比较有名望的同姓之人来提高自己的地位和出身。可见,古人对生命的起源、出身非常重视。

在对待生命本质问题时,古人对生命意识的探究经历了从不自觉到自觉的认识过程。在这个过程中,古人由关注个人的生存状态到系统认识生老病死的规律,力求在个体生命的运动过程中追求与天地自然的和谐统一,让生命顺着本身固有的规律与天地自然相契合。

魏晋之前,人的生命意识还比较薄弱,人们对生命的认识还存有较大成分的敬畏和神秘。魏晋之后,随着人的觉醒,人们的个体意识和生命意识也逐渐随之觉醒。他们认识到人生的短暂和生命的脆弱。因此,古人觉醒了的生命意识首先表现为对人生短促、时光易逝的慨叹。如王羲之在《兰亭集序》中认识到"人之相与,俯仰一世",只能沉痛地慨叹"死生亦大矣"。就连一生洒脱豪放不羁的李白在面对时光流逝时也只能无奈地感叹,"夫天地者,万物之逆旅;光阴者,百代之过客。而浮生若梦,为欢几何?"

对生命的喟叹,对时间的敏感是中国文学史上的一个永恒主题。"人生如寄,多忧何为""日月不恒处,人生忽若寓""未觉池塘春草梦,阶前梧叶已秋声"等都是对人生有限,光阴似箭的悲叹。对那些能够意识到"感时花溅泪,恨别鸟惊心"的古人来说,尤其是在政治失意之时,更加容易触发他们对生命的感伤认知。比较典型的是被贬黄州后的苏轼在夜游赤壁后生发出的"哀吾生之须

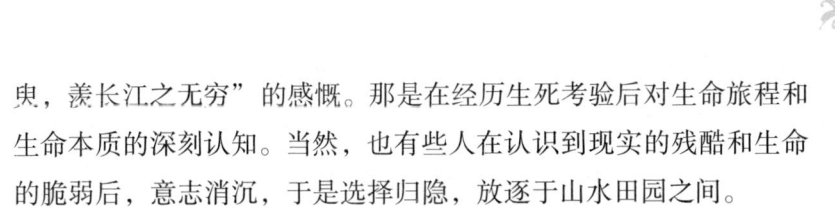

臾，羡长江之无穷"的感慨。那是在经历生死考验后对生命旅程和生命本质的深刻认知。当然，也有些人在认识到现实的残酷和生命的脆弱后，意志消沉，于是选择归隐，放逐于山水田园之间。

认识到了人生有限和生命的可贵，古人大都会更加珍爱生命，但是为了心中的理想他们也会勇于牺牲自己的生命为正义而献身。选文中孟子的言论对历朝历代的文人都有深刻的启示。"生，亦我所欲也；义，亦我所欲也，二者不可得兼，舍生而取义者也。生亦我所欲，所欲有甚于生者，故不为苟得也；死亦我所恶，所恶有甚于死者，故患有所不辟也。"孟子对生命和道义的比较认知影响了历朝历代的有志有识之士。

古往今来，多愁善感的文人墨客对生命意识的探求从来就没有停止过。在探求生命的本质过程中，他们将国家意识、民族意识和文化意识等都附加在了生命意识之上。因而，古人自身承载的对生命的认识甚至远远超过生命本身。对生命之旅有了一定的认识，古人会选择不同的待人处世方式来遣怀。曹操认识到时光易逝，人生短暂，但是仍能发出"老骥伏枥，志在千里。烈士暮年，壮心不已"这样积极的感叹。苏轼在中秋佳节之时"把酒问青天"，最终还是生发出"但愿人长久，千里共婵娟"的祝福。而有些人则会沉迷游戏于红粉胭脂中醉生梦死，虚度一生。

在生命旅程结束之时，古人除了悲痛，也有一些理性与期待。经过漫长的探究，他们已经逐渐认识到生命之旅的规律和不可逆转性。因而，他们只能理性地对待现实，追寻有限的生命价值，力求"天人合一"的规律性平衡。

文化传递

1997年2月19日,世纪伟人邓小平溘然离去。大江南北哀思不尽,长城内外万民同悲。一个伟大的人物,推动了一个伟大的时代。邓小平,这是一个改变了中华民族历史进程的名字,一个让世界瞩目的名字。其实,邓小平早已对生命之旅有清醒的认识。

2月24日上午,邓小平的遗体在北京火化。党和国家领导人胸佩白花、臂戴黑纱来到301医院为邓小平送别,并护送邓小平的遗体到八宝山革命公墓火化。

邓小平的遗体覆盖着中国共产党党旗,面容安详,静卧在鲜花和常青松柏中。和着哀乐的节奏,8名人民解放军礼兵抬起安放着邓小平遗体的灵柩,缓缓走出送别室。在党和国家领导人、邓小平亲属和治丧办公室成员的护送下,灵车徐徐驶向八宝山革命公墓。从301医院到八宝山,短短两公里半的路途两旁,挤满了首都各界人士和从各地赶来的人民群众10多万人。当灵车经过时,在场送别的人悲痛肃立,向邓小平的灵车行注目礼,作最后的告别。

2月25日,中共中央、全国人大常委会、国务院、全国政协、中央军委在人民大会堂隆重举行邓小平追悼大会。追悼会上,党和国家领导人深切缅怀了邓小平的丰功伟绩和崇高风范,表达了全党全军全国各族人民的深切哀思。

3月2日,载着邓小平骨灰盒的专机飞向蓝天。邓小平子女悲痛地跪在机舱里,含着热泪,将骨灰和缤纷的花瓣一起,缓缓撒向碧波万顷的大海,完成世纪伟人的遗愿。邓榕哽咽地说:"爸爸,

您回归大海，回归大自然，您的遗愿得到了实现，您安息吧！"

其实，对于死亡邓小平并不害怕。他革命的一生中经历了太多的生生死死。对于生命之旅他有清醒的认识，对自己的身后之事，他也有自己的考虑。早在50年代初，他就在实行火葬的倡议书上签了字。邓小平不仅赞成火葬，他的思想还要解放得多，他还主张连骨灰也不要保留。一代伟人邓小平最终选择了大海。

邓小平临终前，嘱托亲属将他的眼角膜捐献出来，遗体也捐作医学研究之用。最后，连骨灰也撒到祖国的大海里去。他什么都没有留下，秘书接到命令后把他留下的衣物全都烧了。伟人身边的工作人员看着那带着窟窿的内衣，眼泪几次掉下来。是啊，谁能相信这么伟大的一个人物竟穿着破了的衣服！

世纪伟人邓小平走完了他光辉的一生，他披着世纪的风云，披着历史的烟尘走了。走得安详而又从容。但是，他留在共和国每一寸土地上的是永生！

文化感悟

1. 《钢铁是怎样炼成的》中有一段经典的话："人最宝贵的东西是生命。生命对人来说只有一次。因此，人的一生应当这样度过：'当一个人回首往事时，不因虚度年华而悔恨，也不因碌碌无为而羞愧；这样，在他临死的时候，能够说，我把整个生命和全部精力都献给了人生最宝贵的事业——为人类的解放而奋斗。'"读完以上文化典籍，你对人生的意义有何新的感想？

2. 阅读臧克家的新诗《有的人（节选）》，简要谈谈你对生命价值的认识。

有的人活着,
他已经死了;
有的人死了,
他还活着。
有的人,
骑在人民头上:"呵,我多伟大!"
有的人,
俯下身子给人民当牛马。
有的人,
把名字刻入石头,想"不朽";
有的人,
情愿做野草,等着地下的火烧。

第八章 自然之理

文化典籍

一 道法自然

【原文选读】

有物混成①，先天地生。寂兮寥②兮，独立③而不改，周行而不殆④，可以为天地母⑤。吾不知其名，强字⑥之曰"道"，强为之名曰"大"⑦。大曰逝，逝曰远，远曰反⑧。

故"道"大，天大，地大，人亦大。域中⑨有四大，而人居其一焉。

人法地，地法天，天法"道"，"道"法自然⑩。

(选自《老子·第二十五章》)

注释：

①混成：混然而成，浑然一体，指浑朴的状态。

②寂：没有声音。寥（liáo）：没有形体。

③独立：独立存在。

④周行：循环运行。殆（dài）：通"怠"，倦怠，停歇。

⑤天地母：天地万物的本原。母：指"道"。按老子的观点，天地万物都是由"道"而产生的，故称"道"为"母"。

⑥强（qiǎng）：勉强。字：命名。

⑦大：形容"道"是无边无际的、力量无穷的。

⑧逝："道"运行周流不息，永不停止的状态。远：无边无际，弥漫远道。反：通"返"，返归，这里有返回原状、循环往复之意。

⑨域中：宇宙，世间。

⑩法：效法、学习。自然：自然如此，自然而然。

【文意疏通】

有一个东西，混然而成，在天地形成以前就已经存在。听不到它的声音也看不见它的形体，寂静而空虚，不依靠任何外力而独立长存永不停息，循环运行而永不衰竭，可以作为万物的根源。我不知道它的名字，勉强把它叫作"道"，再勉强给它起个名字叫作"大"。它广大无边而运行不息，运行不息而伸展遥远，伸展遥远而又返回本原。

所以说道大，天大，地大，人也大。宇宙间有四大，而人居其中之一。

人效法地，地效法天，天效法"道"，而道效法自然。

【义理揭示】

老子认为"道""人""天""地"这四个存在构成一种梯队的递进关系，而"道"处在第一位。所以说"人法地，地法天，天法道，道法自然"。"道法自然"阐述了"道"是从自然中生成，它须效法自然并顺应自然的内在规律。

道家思想主张人与自然关系的和谐，追求个人的生活方式、思想、道德和行为准则与道、自然、天地相契合的最高境界。这就如同"有物混成"般能够达到与"道"之间的圆满和谐。这也就是说，人应该遵循自身生存的内部小宇宙和外界大宇宙运行的自然规律，全方位整体性地遵循事物发展的基本规律，在瞬息万变中顺应社会客观形势的发展，不因循守旧，不主观臆断。"道法自然"在为人处世方面给我们以启发，那就是诸事要取法自然，顺其自然，自然而然。

二 万物莫不尊道而贵德

【原文选读】

道生之①，德畜②之，物形之，势③成之。是以万物莫不尊道而贵德。

道之尊，德之贵，夫莫之命④而常自然。

故道生之，德畜之，长之育之，亭之毒之⑤，养之覆⑥之。生而不有⑦，为而不恃⑧，长而不宰⑨，是谓"玄德"⑩。

（选自《老子·第五十一章》）

注释：

①之：这里代指万物。

②畜（xù）：畜养，养育。

③势：势力，这里可以理解为万物生长的环境。

④莫之命：即莫命之。

⑤亭之毒之：即"成之实之"，使万物结果成熟。

⑥养：护养，爱养。覆：维护，保护。

⑦有：占有，据有。

⑧恃：依仗。

⑨长：长养，养成。宰：主宰。

⑩玄德：上德，深妙的德性。

【文意疏通】

"道"生成万物，"德"养育万物，万物呈现出各种各样的形态，环境使万物成长起来。所以，万物没有不尊崇"道"而珍视"德"的。

"道"所以被尊崇，"德"所以被珍视，就是由于没有人对它加以干涉，而让它永远顺应自然。

因而，"道"生长万物，"德"养育万物，使万物生长、发展、成熟结果，使其受到抚养、保护。生长万物而不据为己有，抚育万物而不自恃己功，长养万物而不加以主宰，这就叫玄妙的"德"。

【义理揭示】

在这一章中，老子再次向我们阐明"道"以"无为"的方式养育万物，成就万物，覆盖万物。但是，"道"又不自以为对万物有功，它不占有万物。这种品德，老子称之为深远而又看不见的"玄德"。老子认为，"道"生长万物，"德"养育万物，"德"是"道"的化身，是"道"在人世间具体发挥作用的体现。万物成长的过程可以归纳为以下四步：一、万物由"道"产生；二、"道"生万物之后，分化为"德"，成为万物各自的本性；三、万物依据各自的本性

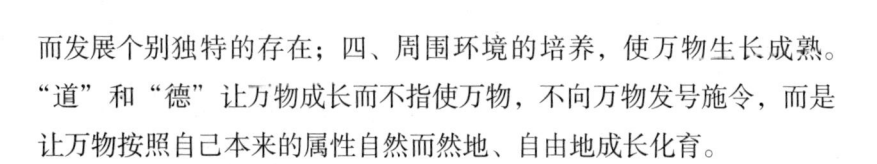

而发展个别独特的存在；四、周围环境的培养，使万物生长成熟。"道"和"德"让万物成长而不指使万物，不向万物发号施令，而是让万物按照自己本来的属性自然而然地、自由地成长化育。

三 制天命而用之

【原文选读】

　　大天①而思之，孰与物畜②而制之？从③天而颂之，孰与制天命④而用之？望时而待之，孰与应时而使之？因物而多之，孰与骋能⑤而化之？思物⑥而物之，孰与理物⑦而勿失之也？愿⑧于物之所以生，孰与有物之所以成⑨？故错人⑩而思天，则失万物之情。

（选自战国·荀况《荀子·天论》）

注释：

①大天：认为天大，即尊崇天。

②物畜：把……当作物一样蓄养。

③从：顺从。

④制天命：控制自然的变化规律。

⑤骋（chěng）能：施展人的才能。

⑥思物：思慕万物。

⑦理物：管理好万物。

⑧愿：希望。

⑨成：这里指规律。

⑩错人：这里指放弃人的努力。

【文意疏通】

与其尊崇天而思慕它，哪里比得上把天当作物一样蓄养起来而控制着它呢？与其顺从天而赞美它，哪里比得上控制自然的变化规律而利用它呢？与其盼望、等待天时，哪里比得上适应天时而役使它呢？与其依顺万物的自然繁殖而求它增多，哪里比得上施展人的才能而使它按照人的需要有所变化呢？与其思慕万物而使它成为能供自己使用的物，哪里比得上管理好万物而不失掉它呢？与其希望万物能自然生长出来，哪里比得上掌握万物的生长规律呢？所以放弃人的努力而只是寄希望于天，那就不能理解万物的本性，也就不能去利用它了。

【义理揭示】

世间万物都有其自身固有的规律。这一点是古人早就认识到的道理。但是，在荀子看来，顺从自然规律还不是最高境界。因为人不仅能够认识自然规律，还可以发挥自己的才能、施展自己的本领来利用自然规律为人类服务。这其中的关键是要人类发挥自己的主观努力。如果放弃了人的主观努力，不仅不能利用自然规律为人类服务，甚至连认识自然规律都很困难。可见，在认识自然规律、利用自然规律过程中必须充分发挥人类自身的优势。

四 物有常容

【原文选读】

夫物有常容①，因乘以导之。因随物之容，故静则建乎德②，动则顺乎道③。宋人有为其君以象为楮④叶者，三年而成。丰杀茎柯⑤，毫芒繁泽⑥，乱之楮叶之中而不可别也。此人遂以功食禄于宋邦。列子闻之曰："使天地三年而成一叶，则物之有叶者寡矣。"故不乘天地之资⑦，而载一人之身；不随道理之数⑧，而学一人之智；此皆一叶之行⑨也。故冬耕之稼，后稷⑩不能羡也；丰年大禾，臧获⑪不能恶也。以一人力，则后稷不足；随自然，则臧获有余。故曰："恃万物之自然而不敢为也。"

（选自战国·韩非《韩非子·喻老》）

注释：

①常容：常态。

②德：本性。

③顺乎道：顺应规律。

④楮（chǔ）：落叶乔木，叶似桑，树皮是制造桑皮纸和宣纸的原料。

⑤丰杀茎柯：宽狭和筋脉。

⑥毫芒繁泽：绒毛和色泽。

⑦乘天地之资：依靠自然的条件。乘：依靠。资：条件。

⑧随道理之数：顺应自然的法则。随：顺应。数：法则。

⑨行：行为。

⑩后稷（jì）：周朝王族的始祖，相传是农业始祖，曾经被尧举为"农师"。

⑪臧获（zāng huò）：古代对奴仆的贱称。

【文意疏通】

世间万物都有常态，应该因势利导。由于顺应了万物的常态，所以静止的时候能够保持本性，活动的时候能够顺应规律。有个宋国人，为他的君主用象牙雕刻楮叶，用了三年时间终于刻成了。它的宽狭、筋脉、绒毛、色泽，即使是混杂在真的楮叶中也不能辨别出来。这个人因为这一功劳而在宋国当了官。列子听到后说："假使自然界要经过三年才长成一片叶子，那么有叶子的东西也就太少了！"所以不依靠自然条件而仅凭一个人的本事，不顺应自然法则而表现一个人的智巧，那就都是用三年时间雕刻一片叶子的行为了。所以冬天里种出的庄稼，后稷也不能使它多产；丰年里旺盛的庄稼，奴仆也不能使它枯败。仅凭一人力量，就是后稷也将难以成事；顺应自然规律，就是奴仆也会成事有余。所以，《老子》说："仰仗万物自然而然地发展而不敢勉强去做。"

【义理揭示】

《韩非子·喻老》是韩非用历史故事和民间传说解释了《老子》的小短文。韩非的解说使《老子》抽象的哲学思想有了具体可感的呈现，在中国哲学史和训诂学史上起着重要作用，同时也使他的刑名法术之学有了比较精深的理论凭借。在这段选文中，韩非主要用世间万物的自然常态来揭示老子的学说——"恃万物之自然而不敢为也"。这一阐释虽然与韩非一贯的法家思想有所区别，但也呈现出他思想深刻、长于思辨的特点。

五 依乎天理

【原文选读】

庖丁为文惠君解①牛，手之所触，肩之所倚，足之所履②，膝之所踦③，砉然向然④，奏刀騞然⑤，莫不中音⑥，合于桑林之舞⑦，乃中经首之会⑧。

文惠君曰:"嘻,善哉!技盖⑨至此乎?"庖丁释⑩刀对曰:"臣之所好者道⑪也,进乎技矣⑫。始臣之解牛之时,所见无非全牛者。三年之后,未尝见全牛也。方今之时,臣以神⑬遇而不以目视,官知⑭止而神欲行。依乎天理⑮,批大郤⑯,导大窾⑰,因其固然⑱;技经肯綮⑲之未尝,而况大軱⑳乎!良庖岁更㉑刀,割也;族㉒庖月更刀,折也。今臣之刀十九年矣,所解数千牛矣,而刀刃若新发于硎㉓。彼节者有闲㉔,而刀刃者无厚。以无厚入有闲,恢恢乎其于游刃㉕必有余地矣,是以十九年而刀刃若新发于硎。虽然,每至于族㉖,吾见其难为,怵然㉗为戒,视为止,行为迟,动刀甚微。謋㉘然已解,如土委㉙地。提刀而立,为之四顾,为之踌躇满志㉚,善㉛刀而藏之。

文惠君曰:"善哉!吾闻庖丁之言,得养生焉。"

(选自战国·庄周《庄子·养生主》)

注释:

①庖(páo):厨房,这里是指厨师。丁:是厨师的名字。为(wèi):替,给。解:剖开、分解。

②履:踏、踩。

③踦(yǐ):用膝抵住。

④砉(huā)然:皮肉分离的声音。向:通"响",声响。向然:多种声音相互响应的样子。

⑤奏:进。騞(huò)然:以刀快速割牛的声音。

⑥中(zhòng):合乎。中音:合乎音乐的节奏。

⑦桑林:传说中殷商时代的乐曲名。桑林之舞:意思是用桑林乐曲伴奏的舞蹈。

⑧经首:传说中尧帝时代的乐曲名。会:乐律,节奏。

⑨盖：通"盍"，何，怎么。

⑩释：放下。

⑪好（hào）：喜好。道：事物的规律。

⑫进：进了一层，含有超过、胜过的意思。矣：于，比。

⑬神：精神，心思。

⑭官：器官，这里指眼。知：知觉，这里指视觉。

⑮天理：自然的纹理，这里指牛体的自然结构。

⑯批：击。郤（xì）：通"隙"，这里指牛体筋腱骨骼间的空隙。

⑰导：引导，导向。窾（kuǎn）：空，这里指牛体骨节间较大的空处。

⑱因：依，顺着。固然：本然，原本的样子。

⑲技：据考证为"枝"，指支脉。经：经脉。技经：指经络结聚的地方。肯：附在骨上的肉。綮（qìng）：骨肉连接很紧的地方。

⑳軱（gū）：大骨。

㉑岁：每年。更（gēng）：更换。

㉒族：众，一般的。

㉓发：出，这里指刚从磨刀石上磨出来。硎（xíng）：磨刀石。

㉔间（jiàn）：通"间"，缝，间隙。

㉕恢恢：宽广。游刃：运转的刀刃。

㉖族：指骨节、筋腱聚结交错的部位。

㉗怵（chù）然：小心谨慎的样子。

㉘謋（huò）：牛体分解的声音。

㉙委：堆积。

㉚踌躇：悠然自得的样子。满志：满足了心意。

㉛善：这里是摆弄、擦拭的意思。

【文意疏通】

厨师给文惠君宰杀牛牲，分解牛体时手接触的地方，肩靠着的

第八章 自然之理

地方，脚踩踏的地方，膝抵住的地方，都发出砉砉的声响，快速进刀时刷刷的声音，无不像美妙的音乐旋律，符合桑林舞曲的节奏，又合乎经首乐曲的乐律。

文惠君说："嘻，妙呀！技术怎么达到如此高超的地步呢？"厨师放下刀回答说："我所喜好的是摸索事物的规律，比起一般的技术、技巧又进了一层。我开始分解牛体的时候，所看见的没有不是一头整牛的。几年之后，就不曾再看到整体的牛了。现在，我只用心神去接触而不必用眼睛去观察，眼睛的功能似乎停了下来而精神世界还在不停地运行。依照牛体自然的生理结构，劈击肌肉骨骼间大的缝隙，把刀导向那些骨节间大的空处，顺着牛体的天然结构去解剖；从不曾碰撞过经络结聚的部位和骨肉紧密连接的地方，何况那些大骨头呢！优秀的厨师一年更换一把刀，因为他们是在用刀割肉；普通的厨师一个月就更换一把刀，因为他们是在用刀砍骨头。如今我使用的这把刀已经十九年了，所宰杀的牛牲上千头了，而刀刃锋利就像刚从磨刀石上磨过一样。牛的骨节乃至各个组合部位之间是有空隙的，而刀刃几乎没有什么厚度，用薄薄的刀刃插入有空隙的骨节和组合部位间，对于刀刃的运转和回旋来说那是多么宽绰而有余地呀。所以我的刀使用了十九年刀锋仍像刚从磨刀石上磨过一样。虽然这样，每当遇上筋腱、骨节聚结交错的地方，我看到难于下刀，为此而格外谨慎不敢大意，目光专注，动作迟缓，动刀十分轻微。牛体霍霍地全部分解开来，就像是一堆泥土堆放在地上。我于是提着刀站在那儿，为此而环顾四周，为此而踌躇满志，这才擦拭好刀收藏起来。"

文惠君说："妙啊，我听了厨师这一番话，从中得到养生的道理了。"

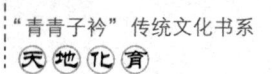

【义理揭示】

"庖丁解牛"的故事本就蕴含着哲理。"依乎天理""因其固然"是文章的核心。只有顺其自然,按照世间万物的发展规律办事,才能做到事半功倍、"游刃有余"。庖丁解牛为什么能达到"游刃有余"的境界呢?原因就在于"臣之所好者道也"。"道"是事物发展的规律,即自然之理。庖丁在长期的实践中逐渐认识和掌握了牛体的结构,因此解起牛来能做到"以神遇而不以目视,官知止而神欲行",解牛的过程看似随意,实则井然有序、合乎规律。其实,不仅解牛、养生如此,处世、生活都要"依乎天理""因其固然"。

六 佝偻承蜩

【原文选读】

仲尼适①楚,出于林中,见佝偻者承蜩②,犹掇③之也。

仲尼曰:"子巧乎!有道④邪?"

曰:"我有道也。五六月⑤累丸二而不坠⑥,则失者锱铢⑦;累三而不坠,则失者十一⑧;累五而不坠,犹掇之也。吾处身⑨也,若厥株枸⑩;吾执臂⑪也,若槁木之枝;虽天地之大,万物之多,而唯蜩翼之知⑫。吾不反不侧⑬,不以⑭万物易蜩之翼,何为而不得!"

孔子顾谓弟子曰:"用志不分⑮,乃凝⑯于神,其佝偻丈人⑰之谓乎!"

(选自战国·庄周《庄子·达生》)

第八章　自然之理

注释：

①适：到，往。

②佝偻者：驼背的人。承蜩：粘蝉。蜩：蝉。

③犹掇（duō）：好像用手拾取一样容易。掇：拾取，用手去拿。

④道：方法、规律。

⑤五六月：指学习经过的时间。

⑥累丸：累叠圆形小弹丸。累：叠起。不坠：不掉落下来。

⑦锱铢（zī zhū）：古重量单位，二十四铢一两，六铢为一锱。此处喻极微小的数量。

⑧十一：十分之一，形容极少。

⑨处身：立定身子。

⑩若：好像。株：木桩。枸：曲木，枯树根。

⑪执臂：举竿的手臂。

⑫唯蜩翼之知：即唯知蜩翼，只能感知蜩翼，其他事物好像不知道、看不见。之：助词。

⑬不反不侧：不反身，不侧视，一动不动。形容精神集中，不因外物影响而乱动。

⑭以：因为。

⑮用志不分：运用心思，专一而不分散。志：心思。分：分散。

⑯凝（níng）：专注，专一。

⑰丈人：古时对年老的人的尊称。

【文意疏通】

孔子到楚国去，走出树林，看见一个驼背老人正用竿子粘蝉，就好像在地上拾取一样。

孔子说："先生真是巧啊！有门道吗？"

驼背老人说:"我有我的办法。经过五、六个月的练习,在竿头累迭起两个丸子而不会坠落,那么失手的情况已经很少了;迭起三个丸子而不坠落,那么失手的情况十次不会超过一次了;迭起五个丸子而不坠落,也就会像在地面上拾取一样容易。我立定身子,犹如临近地面的断木,我举竿的手臂,就像枯木的树枝;虽然天地很大,万物品类很多,我一心只注意蝉的翅膀,从不思前想后左顾右盼,绝不因纷繁的万物而改变对蝉翼的注意,为什么不能成功呢!"

孔子转身对弟子们说:"运用心志不分散,就是高度凝聚精神,恐怕说的就是这位驼背的老人吧!"

【义理揭示】

佝偻者承蜩说明了一个道理:凡事只要专心致志,持之以恒,就一定能有所成就。从佝偻者自身的条件来看,他并没有什么优势,甚至还可以说他先天条件不足。但是,即使佝偻者先天条件不足,经过艰苦卓绝的勤学苦练后,他也取得了成功,甚至连孔子看了也赞叹不已。佝偻者之道告诉我们要想成功,必须排除外界的一切干扰,集中精力,艰苦努力。这是一个具有普遍性的道理。

七 天地虽大,其化均也

【原文选读】

天地虽大,其化均[①]也;万物虽多,其治[②]一也;人卒[③]虽众,其主君也。君原于德[④]而成于天,故曰,玄古[⑤]之君天下,无为也,天德[⑥]而已矣。

第八章 自然之理

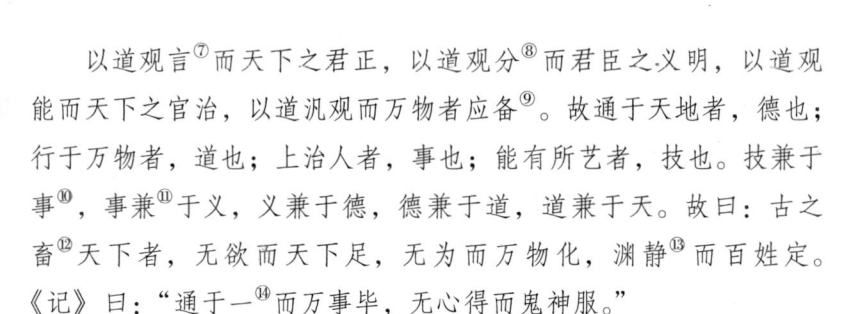

以道观言⑦而天下之君正，以道观分⑧而君臣之义明，以道观能而天下之官治，以道汎观而万物者应备⑨。故通于天地者，德也；行于万物者，道也；上治人者，事也；能有所艺者，技也。技兼于事⑩，事兼⑪于义，义兼于德，德兼于道，道兼于天。故曰：古之畜⑫天下者，无欲而天下足，无为而万物化，渊静⑬而百姓定。《记》曰："通于一⑭而万事毕，无心得而鬼神服。"

(选自战国·庄周《庄子·天地》)

注释：

①化：变化，运动。均：均衡，这里指出于自然。

②治：这里指万物各居其位，各有所得。

③人卒：百姓。

④原：本原。德：自得，即从道的观念出发对待自我和对待外物的顺应态度。

⑤玄古：遥远的古代。

⑥天德：听任自然，顺应自得。

⑦言：名，称谓。古人认为能言者必须名分正，名分正方才有谈论的可能。

⑧分：职分。

⑨汎（fàn）：通"泛"。"汎观"即遍观。备：全，这里是自得而又自足的意思。

⑩事：指万事万物因其本性，各施其能。

⑪兼：并，同，这里含有归向的意思。

⑫畜：养育。

⑬渊：水深的样子。渊静：指深沉清静，不扰乱人心。

⑭一：这里实指道。

【文意疏通】

天和地虽然很大,不过它们的运动和变化却是均衡的;万物虽然纷杂,不过它们各得其所,归根结蒂却是同一的;百姓虽然众多,不过他们的主宰却都是国君。国君管理天下要以顺应事物为根本而成事于自然,所以说,遥远的古代君主统驭天下,一切都出自无为,即听任自然、顺其自得罢了。

用道的观点来看待称谓,那么天下所有的国君都是名正言顺的统治者;用道的观点来看待职分,那么君和臣各自承担的道义就分明了;用道的观念来看待才干,那么天下的官吏都尽职尽力;从道的观念广泛地观察,万事万物全都自得而又自足。所以,贯穿于天地的是顺应自得的"德";通行于万物的是听任自然的"道";善于治理天下的是各尽其能各任其事;能够让能力和才干充分发挥的就是各种技巧。技巧归结于事务,事务归结于义理,义理归结于顺应自得的"德","德"归结于听任自然的"道",听任自然的"道"归结于事物的自然本性。所以说,古时候养育天下百姓的统治者,无所追求而天下富足,无所作为而万物自行变化发展,深沉宁寂而人心安定。《记》这本书上说:"通晓大道因而万事自然完满成功,无心获取因而鬼神敬佩顺服。"

【义理揭示】

庄子认为,"天"和"地"是元气之所生,万物之所祖。因为"天地虽大,其化均也;万物虽多,其治一也",所以人们不需要过多地做什么事情,只要听任自然的"道"归结于事物的自然本性即可。在庄子看来,既然天地的变化和运行都是有规律的,那么我们只要遵守其规律就行了;既然世间万物都是同一的,事物的发展变化是自然的，因而治理天下理所当然要无为。庄子所说的这个规律其实就是自然之理。从中可以看出，在这里庄子仍然是在阐述无为而治的道家学说。

八 清水出芙蓉

【原文选读】

纱窗倚天开，水树绿如发。窥日畏衔山，促酒喜得月。
吴娃与越艳①，窈窕夸铅红②。呼来上云梯，含笑出帘栊③。
对客小垂手④，罗衣舞春风。宾跪请休息，主人情未极。
览君荆山作，江鲍⑤堪动色。清水出芙蓉，天然去雕饰⑥。
逸兴横素襟⑦，无时不招寻。朱门拥虎士⑧，列戟何森森⑨。
剪凿竹石开，萦流涨清深⑩。登台坐水阁，吐论多英音⑪。
片辞贵白璧，一诺轻黄金。谓我不愧君，青鸟明丹心。

（选自唐·李白《经乱离后天恩流夜郎忆旧游书怀赠江夏韦太守良宰》）

注释：

①吴娃与越艳：指吴越美女。

②窈窕（yǎo tiǎo）：娇美的样子。铅红：铅粉和胭脂。

③帘栊：本指竹帘和窗棂，此处为偏义复词，指帘子。

④小垂手：古代舞蹈中的一种垂手身段。有大垂手、小垂手之分。《乐府诗集》卷七六引《乐府解题》曰："《大垂手》《小垂手》，皆言舞而垂其手也。"

⑤江鲍：指六朝诗人江淹和鲍照。这里是说江淹、鲍照如看到韦太守荆山之作，亦必能为之动情于色。

⑥清水出芙蓉，天然去雕饰：钟嵘《诗品》有云："谢诗如芙蓉出水。"

此处用以赞美韦良宰的作品清新自然，不假雕饰。

⑦逸兴横素襟：这里是说韦良宰平素胸襟豁达，具有超逸豪放的意兴。

⑧虎士：勇猛的卫士。

⑨森森：威严的样子。

⑩剪凿竹石开，萦流涨清深：写水阁景色优美，剪竹凿石，清流萦绕。

⑪英音：英明卓越的见解。

【文意疏通】

纱窗倚天而开，水树翠绿如少女青发。看太阳，怕它马上落山，举起酒杯喜得明月。吴越美女艳如花，窈窕婀娜，浓妆艳抹。呼来款款轻上云梯，含笑羞羞步出帘栊。对着客人清唱小垂手，罗衣飘摇舞春风。跪请宾客休息，主人情还未了。浏览你在荆山的大作，堪与江淹鲍照的文笔媲美。宛如出清水的芙蓉，有大自然天然去雕饰。逸兴满溢平素的襟怀，无时不想到你的招寻约请。朱门拥立虎士，兵戟罗列森森。剪竹凿石，溪流清深宛然而去。登高楼坐水阁，吐论滔滔不绝，声音清朗。言辞贵于白璧，一诺重于黄金。称我不愧于你，宛如青鸟有丹心。

【义理揭示】

李白因受永王之败的牵连，被流放至夜郎，中途被皇帝赦免。这首诗是在他被赦免滞留江夏时所作的一首自传体长诗。诗中着意诉说了自身的不幸与委屈，还告诉老朋友骚动变乱前自己北上幽州就是为了探察安禄山的虚实，也表明了自己在政治态度上的清白。诗歌中流传最广的名句"清水出芙蓉，天然去雕饰"，原本是说太守的文章像那刚出清水的芙蓉花，质朴明媚，毫无雕琢装饰，后人经常引用这两句评价李白的作品。其实,李白追求的诗风就是清新、纯美。这和芙蓉出水一样纯美自然,符合自然之理。

九 顺木之天,以致其性

【原文选读】

驼①业②种树,凡长安豪富人为观游③及卖果者,皆争迎取养。视驼所种树,或移徙④,无不活,且硕茂⑤,蚤实以蕃⑥。他植者虽窥伺效慕⑦,莫能如也。

有问之,对曰:"橐驼非能使木寿且孳⑧也,能顺木之天,以致其性⑨焉尔。凡植木之性,其本欲舒⑩,其培欲平,其土欲故⑪,其筑⑫欲密。既然已,勿动勿虑,去不复顾。其莳也若子,其置⑬也若弃,则其天者全而其性得矣。故吾不害其长而已,非有能硕茂之也;不抑耗⑭其实而已,非有能蚤而蕃之也。他植者则不然,根拳⑮而土易,其培之也,若不过焉则不及⑯。苟有能反是⑰者,则又爱之太恩⑱,忧之太勤⑲,旦视而暮抚,已去而复顾,甚者爪其肤⑳以验其生枯,摇其本以观其疏密,而木之性日以离矣。虽曰爱之,其实害之;虽曰忧之,其实仇之。故不我若也。吾又何能为哉!"

问者曰:"以子之道,移之官理,可乎?"驼曰:"我知种树而已,官理,非吾业也。然吾居乡,见长人者好烦㉑其令,若甚怜焉,而卒以祸。旦暮吏来而呼曰:'官命促尔耕,勖㉒尔植,督尔获,早缫而绪㉓,早织而缕,字㉔而幼孩,遂而鸡豚㉕。'鸣鼓而聚之,击木而召之。吾小人辍飧饔以劳㉖吏者,且不得暇,又何以蕃吾生而安吾性㉗耶?故病且怠㉘。若是,则与吾业者其亦有类乎?"

问者曰:"嘻,不亦善夫!吾问养树,得养人术。"传其事以为官戒。

(选自唐·柳宗元《种树郭橐驼传》)

注释:

①驼:这里指郭橐(tuó)驼。

②业:以……为职业。

③为观游:布置观赏游玩的场所。

④移徙:迁移,这里指移植。

⑤硕茂:高大茂盛。

⑥蚤:通"早"。蕃:盛,指果实结的多。

⑦窥伺:暗中偷看。效慕:仿效羡慕。

⑧寿:活的时间长。孳(zī):繁殖得多。

⑨天:自然,指天性。致:尽。性:本性。

⑩本:根。舒:展开。

⑪故:旧,指树苗移栽前扎根的土壤。

⑫筑:捣土。

⑬莳(shì):种植。若子:言像对待儿子一样。置:安放。

⑭抑耗:抑制、损耗。

⑮拳:拳曲,屈曲。

⑯过:指超过要求。不及:指未达到要求。

⑰反是:和这种情况相反。

⑱恩:深。

⑲勤:多。

⑳爪:抓。肤:指树皮。

㉑长(zhǎng)人者:做官的人。烦:使繁多。

㉒勖(xù):勉励。

㉓缫(sāo):煮茧抽丝。而:通"尔",你。绪:丝头。

㉔字：养育。

㉕遂：生长，这里是喂养大的意思。豚：小猪。

㉖小人：小民。辍（chuò）：中止。飧（sūn）：晚餐。饔（yōng）：早餐。劳：慰劳。

㉗蕃吾生而安吾性：意思是使我们人丁兴旺，生活安定。

㉘病：困苦。怠：疲乏。

【文意疏通】

郭橐驼以种树为职业，凡是长安城里种植花木以供玩赏以及种植果树出卖水果的富豪人家，都争着接他到家中雇用他。大家看到橐驼种的树，或者移植的树，没有不成活的；而且长得高大茂盛，结果又早又多。别的种树人即使暗中观察模仿，也没有谁能比得上他。

有人问他种树的诀窍，他回答说："我郭橐驼并不是有什么特别的本事能使树木活得久、生长快，只是能顺应树木的天性，来让它的本性尽量发展罢了。大凡种植树木的方法是：它的根要舒展，给它培土要均匀，它带的土要是旧的，给它筑土要紧密。已经这样做了之后，就不要再去动它，也不必担心它，种好以后离开时可以头也不回。将它栽种时就像抚育子女一样细心，把它种完后就像丢弃它那样不再去管。那么它的天性就得到了保全，因而它的本性就不会丧失了。所以我只不过不妨害它的生长罢了，并不是有什么能使它长得高大茂盛的诀窍；只不过不抑制耗损它的果实罢了，也并不是有什么能使果实结得又早又多的诀窍。别的种树人却不是这样，种树时树根卷曲，又换上新土；培土如果不是过分就是不够。如果有与这做法不同的，又爱得太深，忧得太多，早晨去看了，晚上又去摸摸，离开之后又回头去看看。更过分的做法是抓破树皮来查验它是死是活，摇动树干来观察栽得是松是紧，这样树的天性就一天比一天远离了。这虽说是爱它，实际上是害它，虽说是担心它，实际上是仇恨它。所以他们都比不上我啊，其实，我又能特别做些什么呢？"

问的人说："把您种树的经验，移到为官治民上，可以吗？"郭橐驼说："我只知道种树罢了，治理百姓，不是我的职业。但我住在乡里，看见当官的喜欢不断地发号施令，好像很怜爱百姓，但百姓最终反因此受到伤害。从早到晚都有差吏来喊叫：'官府的命令催促你们耕田，勉励你们栽种，督促你们收割，早点缫好你们的丝，早点纺好你们的线，养育好你们的小孩，喂养好你们的鸡和猪。'一会儿敲鼓召聚百姓，一会儿击梆子召集乡民。我们小百姓不吃饭来慰劳当差的尚且不得空暇，又靠什么使我们人丁兴旺并使我们生活安定呢？所以我们困苦而且疲倦。像这样治民反而扰民，就与我同行业的一些种树人其实喜欢树，却是害树大概也相似吧？"

问的人高兴地说："不是很好吗！我问如何养树，得到了养民的方法。"我传播这件事把它作为官吏的鉴戒。

【义理揭示】

从题目来看，本文虽为"传"，但与一般的人物传记明显不同，而是一篇兼具寓言和政论色彩的文章。作者从顺乎自然的思想出发，借郭橐驼之口，由种树的经验说到为官治民的道理，实为借传立说，阐明自己对自然之理的认识。文章先是通过对郭橐驼种树之道的记叙，揭示出"顺木之天，以致其性"才是"养树"的法则，并由此悟出"养人"的道理，指出为官治民不能"好烦其令"，而应该像种树一样顺其自然。从中,我们可以看出无论种树还是治民,都要"顺天致性",而不应违逆自然之道。只有真正掌握了种树或养民的规律,才能达到"顺天致性",才能有"蚤实以蕃"并且"硕茂"的效果;只有做到这些,才算懂得真正的"养人术"。

十 出淤泥而不染

【原文选读】

水陆草木之花,可爱者甚蕃①。晋陶渊明独爱菊。自李唐来,世人甚爱牡丹。予②独爱莲之出淤泥而不染,濯清涟③而不妖④,中通外直⑤,不蔓不枝⑥,香远益清⑦,亭亭净植⑧,可远观而不可亵玩⑨焉。

予谓菊,花之隐逸者也;牡丹,花之富贵者也;莲,花之君子者也。噫!菊之爱,陶后鲜⑩有闻。莲之爱,同予者何人⑪?牡丹之爱,宜乎众矣⑫。

(选自北宋·周敦颐《爱莲说》)

注释:

①蕃:通"繁",多。

②予(yú):我。

③濯(zhuó):洗涤。清涟(lián):水清而有微波,这里指清水。

④妖:妖艳。

⑤中通外直:它的茎内空外直。通:空。直:挺立。

⑥不蔓(màn)不枝:不生枝蔓,不长枝节。蔓:名词用作动词,生枝蔓。枝:名词用作动词,长枝节。

⑦香远益清:香气远播,更加显得清芬。远:遥远,空间距离大。益:

更,更加。

⑧亭亭净植:笔直地、洁净地立在那里。亭亭:耸立的样子。植:通"直",立。

⑨亵(xiè):亲近而不庄重。玩:玩弄。

⑩鲜(xiǎn):少。

⑪同予者何人:像我一样的还有什么人呢?

⑫宜乎众矣:爱牡丹的人应该是很多了。宜:应当。众:多。

【文意疏通】

　　水上和陆地上草本木本的花中,可以喜爱的有很多。晋代陶渊明唯独喜爱菊花。自从唐朝以来,世上的人们很喜爱牡丹。我唯独喜欢莲花,它从淤泥中生长出来,却不受淤泥的沾染;它经过清水的洗涤后,却不显得妖媚。它的茎中间是贯通的,外形是笔直的,不生枝蔓,不长枝节。香气传播得越远越清幽,它笔直洁净地立在那里,人们可以远远地观赏它们,却不可靠近去玩弄它。

　　我认为,菊花,是花中的隐士;牡丹,是花中富贵的花;莲花,是花中的君子。唉!喜爱菊花的,在陶渊明之后就很少听说了。像我一样喜爱莲花的还有什么人呢?喜爱牡丹的人应该是很多了。

【义理揭示】

　　莲花,是古往今来文人笔下高歌咏叹的对象,但大多数文人都是惊叹于它的清姿素容,并将其形诸笔端。而《爱莲说》却蹊径独辟,通过对莲花形象和品质的描写,歌颂了莲花坚贞的品格,借此表现出作者洁身自爱的高洁人格和洒落的胸襟。文章从"出淤泥而不染"写起,以浓墨重彩描绘了莲的气度,寄予了作者对理想人格的肯定和追求,也折射出作者对贪图富贵、追名逐利等世态心理的鄙弃和对洁身自好的美好情操的追求。文章几次以菊、牡丹来反衬莲之美;还把菊花的隐逸,牡丹的富贵和莲的高洁形成对比,突显了莲花品行之高雅。

十一 天地之间,有理有气

【原文选读】

　　天地之间,有理有气。理也者,形而上之道①也,生物之本②也;气也者,形而下之器也,生物之具③也。是以人物之生,必禀④此理,然后有性,必禀此气,然后有形。其性其形,虽不外乎一身,然其道器之间,分际⑤甚明,不可乱也。

(选自南宋·朱熹《答黄道夫书》)

注释:

　　①道:规律或准则。"道"和下文中的"器"都是中国古代的哲学概念。"道"是指无形象的,"器"是指有形象的,即具体的事物。"道"和"器"的关系相当于精神与物质的关系,即抽象道理与具体事物之间的关系。

　　②本:本源。

　　③具:具体,完备。

　　④禀(bǐng):承受,领受。

　　⑤分际:即分寸,恰当的界限。

【文意疏通】

　　天地之间,有理也有气。理是形而上的规律,它是世间万物之本源。气是形而下的具体事物，它造就了世间万物具体的物质世界。所以说，人作为世间万物之主宰，一定要承受这个理，然后才能有性，一定要承受这个气，然后才能有形。这里的性和形虽然不在身之外，但是在抽象的道理与具体的事物之间界限还是非常明显的，不能够将二者混淆。

【义理揭示】

朱熹将"理"和"气"联系起来，认为二者不可分。"理"是形而上的，而"气"则是形而下的。"理"是看不见摸不着的客观存在，是不以人的意志为转移的规律性法则。朱熹认为这个"理"就是世间万物存在的本源，是世界上最本源的、最基础的存在。因而，在朱熹看来"理"与世间万物有着时间先后的关系，有了"理"，之后才生成了万物。这就是朱熹认识到的自然之理。

十二 病梅馆记

【原文选读】

江宁之龙蟠，苏州之邓尉，杭州之西溪，皆产梅。或[①]曰："梅以曲为美，直则无姿；以欹[②]为美，正则无景；以疏为美，密则无态。"固[③]也。此文人画士，心知其意，未可明诏大号[④]以绳[⑤]天下之梅也；又不可以使天下之民斫[⑥]直，删密，锄正，以夭梅病梅[⑦]为业以求钱也。梅之欹之疏之曲，又非蠢蠢求钱之民能以其智力[⑧]为也。有以文人画士孤癖之隐[⑨]明告鬻[⑩]梅者，斫其正，养其旁条[⑪]，删其密，夭其稚枝，锄其直，遏[⑫]其生气，以求重价，而江浙之梅皆病。文人画士之祸之烈至此哉！

予购三百盆，皆病者，无一完者。既泣之三日，乃誓疗之：纵之顺之，毁其盆，悉埋于地，解其棕缚；以五年为期，必复之全之。予本非文人画士，甘受诟厉⑬，辟病梅之馆以贮之。

呜呼！安得使予多暇⑭日，又多闲田，以广贮江宁、杭州、苏州之病梅，穷⑮予生之光阴以疗梅也哉！

（选自清·龚自珍《龚自珍全集》）

注释：

①或：有的人。

②欹（qī）：倾斜。

③固：本来就是这个样子。

④明诏：公开宣告。号：疾呼，喊叫。

⑤绳：约束，这里用作动词。

⑥斫（zhuó）：砍削。

⑦夭（yāo）梅病梅：摧折梅，把它弄成病态。夭：使……摧折。病：使……成为病态。

⑧智力：智慧和力量。

⑨孤癖之隐：隐衷，隐藏心中特别的嗜好。

⑩鬻（yù）：卖。

⑪旁条：旁逸斜出的枝条。

⑫遏（è）：阻止，抑制。

⑬诟厉（gòu lì）：辱骂。

⑭暇：空闲。

⑮穷：穷尽。

【文意疏通】

江宁的龙蟠里，苏州的邓尉山，杭州的西溪，都出产梅。有人说："梅以枝干弯曲为美，笔直了就没有风姿；以枝干倾斜为美，端正了就没有景致；以枝干疏朗为美，稠密了就没有姿态。"本来是这样的。这些文人画士心里明白它的意思，却不可以公开宣告，大声疾呼用这个标准来约束天下的梅；又不可以使天下种梅人，砍掉笔直的、除去繁密的、锄掉端正的、摧残梅，把它弄成病态来作为赚钱的方法。梅的枝干的倾斜、疏朗、弯曲，又不是忙碌的、只知赚钱的人能够凭他们的智慧、能力做得到的。有的人把文人墨客这隐藏在心中特别的嗜好明白地告诉卖梅的人，使他们砍掉端正的枝干，培养倾斜的侧枝，除去繁密的枝干，伤害它的嫩枝，锄掉笔直的枝干，阻碍它的生机，用这样的方法来谋求高价：于是江苏、浙江的梅都成病态了。文人画士所造成的祸害竟惨烈到了这个地步啊！

我买了三百盆梅，都是病梅，没有一盆完好的。已经为它们流了好几天泪之后，就发誓要治好它们。我放开它们，顺着它们的天性，毁掉那些盆子，把梅全部种在地里，解开捆绑它们的棕绳；以五年为期限，一定要使它们恢复本性，保全健康的形态。我本来不是文人画士，心甘情愿受到辱骂，设立一个病梅馆来贮存它们。

唉！怎样才能使我有很多闲暇的时间，又有很多空闲的田地，来大量贮存江宁、杭州、苏州的病梅，尽我一生的时光来治疗病梅呢？

【义理揭示】

世间万物都有其自身发展的规律。梅也有它自己生长、发育的

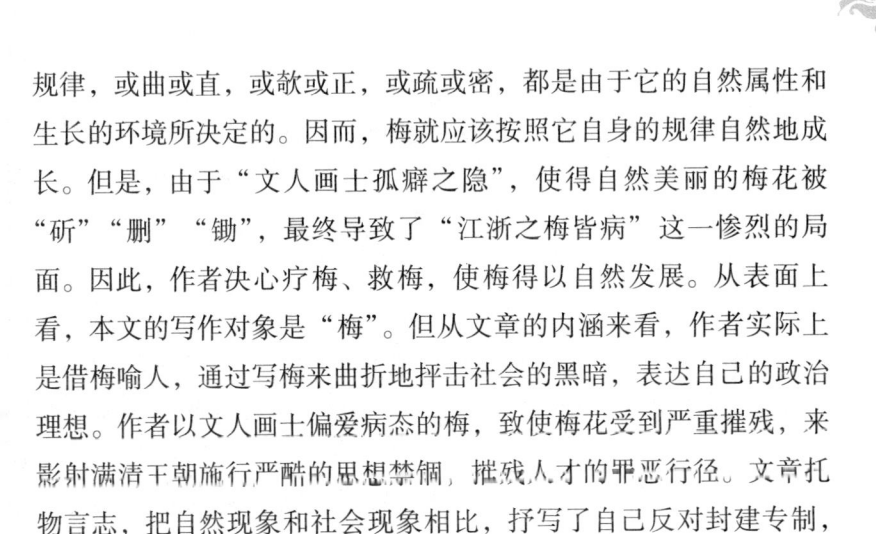

规律，或曲或直，或欹或正，或疏或密，都是由于它的自然属性和生长的环境所决定的。因而，梅就应该按照它自身的规律自然地成长。但是，由于"文人画士孤癖之隐"，使得自然美丽的梅花被"斫""删""锄"，最终导致了"江浙之梅皆病"这一惨烈的局面。因此，作者决心疗梅、救梅，使梅得以自然发展。从表面上看，本文的写作对象是"梅"。但从文章的内涵来看，作者实际上是借梅喻人，通过写梅来曲折地抨击社会的黑暗，表达自己的政治理想。作者以文人画士偏爱病态的梅，致使梅花受到严重摧残，来影射满清王朝施行严酷的思想禁锢，摧残人才的罪恶行径。文章托物言志，把自然现象和社会现象相比，抒写了自己反对封建专制，追求个性的思想。

文化倾听

天地之间自然万物的生长运行都有其自身的规律和准则。远古时期，人类在捕鱼、狩猎和采集观察中逐渐认识到这一点。随着认识自然经验的积累日益丰富，人类社会走进了农耕文明，开始了以耕种、养殖为主的自给自足的生活。这是人类认识自然并充分利用自然的伟大进步。

远古时期，人类生存的自然环境极其恶劣。人们用"人定胜天"来激励自己与自然灾害顽强斗争。但是，在认识到了自然之理后他们不是用人的主观意识和行动去破坏自然，而是在认识到自然之理的基础上"依乎天理""制天命而用之"。人只有遵从自然之理、天地之道，并在自然规则允许的范围内有效行动，才能真正战胜困难取得发展和进步。

在漫长的历史发展过程中，务实厚生的农耕生活、民本思想占据了中国社会意识的主流。因为农业是季节时令性极强的生产活动，所以古人就根据平时的观察和代代相传累积下来的经验创制了农时节气、阴阳历法等。如二十四节气歌、预知天气变化的"燕子低飞蛇过道，水缸穿裙山戴帽，鸡不回笼喜鹊叫，蚂蚁搬家雨就到"极其顺口的谚语等等，不仅体现了古人的智慧，更彰显出古人对自然之理的自觉认知。

在自觉认识自然、主动探求自然之理的过程中，中国古代涌现出了一批杰出的科学家。在天文学研究领域张衡、僧一行等人的发现举世瞩目，在数学领域祖冲之的研究成果领先世界几百年，在中医学方面有扁鹊、张仲景、李时珍等，还有地理地质学领域的郦道元、农业科学家贾思勰、医药学家孙思邈等等。他们主动探索自然，自觉认识自然规律，为人类社会的发展作出了卓著贡献。

很多仕途不顺、政治失意的古代文人也大都会借助对自然之理的探寻和感叹来疏泄内心的抑郁和不快。当然，还有一些人生性喜欢探索自然，以行走的方式来认知天地。徐霞客20岁便出游行走。在游历山水，系统观察自然的基础上，他逐渐觉察到对自然山水的认识不能仅仅停留在表面，而要对自然地理现象内在的规律进行探索。他的考察游历也结出了丰硕的成果，尤其是对地理地貌的记述具有很强的科学价值。

"天地有大美而不言。"天地自然在社会发展、文学艺术等方面给了人们诸多启发。而历代统治者却从中看到了利用自然之理维护自身统治的便利。如根据个人对自然的观察认知使魏征认识到"求木之长者，必固其根本；欲流之远者，必浚其泉源"。但是，他由此引申出的是治国之道："思国之安者，必积其德义。"荀子把君主和人民比喻成舟和水的关系，后来唐太宗李世民也认识到"水能载舟，亦能覆舟"的道理。

长期以来尤其是近代，中国对自然科学的探究受到封建思想的压制。这直接导致近代中国在政治、经济、军事等多方面的落后。当然，也有一些有识之士早就看到了这一点，试图冲破封建思想的钳制。龚自珍在《病梅馆记》中对疗梅救梅的呼喊就体现出冲破封建枷锁，积极认知自然之理的主动性。

新中国成立之初，人们在人定胜天信念的鼓舞下热情高涨，做出了"惊天地、泣鬼神"的一系列壮举。但是，随之而来的是泥石流、荒漠化、气候异常，大自然以特殊的灾难形式回应了人类不顾自然之理的行为。这些教训告诉我们，改造自然一定要在遵照自然规律的基础上进行，必须"依乎天理，因其固然"。

天地运行、万物生长的规律是不以人的意志为转移的。我们只能遵循、适应这一客观规律，而不能过于强调人的主观因素，违背自然规律，否则就会受到天地自然的惩罚。过于强调人的主观行为无异于拔苗助长，"非徒无益，而又害之"。现在人类正面临的海啸、雾霾、重金属污染等日益严峻的环境问题都不止一次告诉我们：为了可持续地开发利用自然，我们必须保护自然；在人类改造自然的活动中，必须遵从自然之理，在自然规律允许的范围内行动。当然，人的认识是一个逐渐深入不断完善的过程，对自然之理的探求也会随着科学的进步和人类的发展而持续向前永无止境。

文化传递

中国近代力学的奠基人钱伟长教授不仅是一名伟大的科学家，也是一名伟大的教育家。在他几十年的奉献中，他始终遵循着科学研究规律和教育教学规律进行科学研究和教学实践。在科学规律指引下，他研究出的有着"钱伟长方程"之称的非线性微分方程组被世界公认。

钱伟长原本属于"偏科生"。高考时他文史双百，但是在数理上却一塌糊涂，物理仅仅考了 5 分，数学、化学两科总共考了 20 分，英文因没学过是 0 分。但正是这样一个在文史上极具天赋、数理上极度"瘸腿"的学生，却在一夜之间做出了一个大胆的决定：弃文从理。其实，这个决定缘于他进入历史系第二天日本发动的震惊中外的"九一八事变"。从收音机里听到了这个消息后，钱伟长拍案而起毅然决然地说："我不读历史系了，我要学造飞机大炮，我要转学物理系以振兴中国。"系主任吴有训一开始拒绝其转学要求，后被其诚意打动，答应他试读一年。为了能尽早赶上课程，钱伟长早起晚归，来往于宿舍、教室和图书馆之间，废寝忘食，极度用功。他克服了用英语听课和阅读的困难，一年后数理课程超过了 70 分。从此，他就迈进了自然科学的大门。理学院院长叶企孙以及赵忠尧、萨本栋教授也常给他们上课。起初，钱伟长像学古文一样，熟读强记物理学的典籍。而吴有训告诉他，不要以为书本上的东西都是正确的、都已经完善了，每读一本书都要看到没有完成的部分，都要发现一些新问题。钱伟长学到了这一点，并成为他一生治学的特点。毕业时，他成为了物理系中成绩优秀的学生之一。

　　钱伟长为攻读物理学留学加拿大。期间，他显露出了非凡的才华。钱伟长在与他的导师辛吉教授第一次面谈时，发现两人都在研究板壳理论。在辛吉的提议下，钱伟长将辛吉正在研究的宏观方程组和自己研究的微观方程组合在一起写成论文《弹性板壳的内禀理论》。爱因斯坦看后大为震惊并感叹说："这位中国青年解决了困扰我多年的问题。"此文奠定了钱伟长在美国科学界的地位，钱伟长迅速成为国际物理学界的明星。

　　钱伟长曾说："没有一个独立富强的国家，就没有个人的一切。""我们培养的学生首先应该是一个全面的人，是一个爱国者。"他本来是立志学中文的，可是国家的危亡和民族的灾难却让他感到，要改变国家的落后面貌，不受别国的欺负，就必须有强大的科技。所以他毅然决定弃文从理。在他的心中，"国家的需要，就是我的专业"。正是这种爱国信念的激励，钱伟长走上了科学之路。

　　钱伟长是中科院资深院士。他攻克板壳内禀统一理论这一世界性难题时，年仅28岁。他提出的板壳理论非线性微分方程组被世界公认为"钱伟长方程"。改革开放以后，钱伟长对科学研究的热爱更加喷发而出。在科研上，钱伟长甚至什么领域都去研究，什么研究领域都有收获，于是有人戏称他为"万能科学家"。

　　《弹性圆薄板大挠度问题》《弹性柱体的扭转理论》《弹性力学》《变分法和有限元》《应用数学与力学论文集》《奇异摄动理论及其在力学中的应用》……一本本的学术著作，无不昭示着这位"科学巨人"的辉煌成就。

文化感悟

1. 读了以上选文,你有何感想?请选择你最喜欢的一段选文做深入分析,写一篇两三百字的鉴赏短文。

2. 当今时代,有些地区在经济飞速发展的同时也遗留下一些棘手难题,比如生态环境遭受破坏、严重影响当地百姓的人身健康等。面对这样的现实,你认为社会该如何自然合理地发展?

第九章　优游之怀

文化典籍

一　溱与洧，方涣涣兮

【原文选读】

溱与洧①，方涣涣②兮。

士与女，方秉③蕳④兮。

女曰观乎？士曰既且⑤，且⑥往观乎？

洧之外，洵訏⑦且乐。

维士与女，伊⑧其相谑，赠之以勺药。

溱与洧，浏⑨其清矣。

士与女，殷其盈兮⑩。

女曰观乎？士曰既且，且往观乎？

洧之外，洵訏且乐。

维士与女，伊其将谑⑪，赠之以勺药。

(选自《国风·郑风·溱洧》)

注释：

①溱（zhēn）与洧（wěi）：溱和洧都是两条古水名。

②涣涣：冰河解冻，春水满涨的样子。

③秉：拿，此处意为身上插着。

④蕳（jiān）：生在水边的泽兰。当地当时习俗，以手持兰草，可被除不祥。

⑤既且（cú）：已经去过了。且：通"徂"，去，往。

⑥且：再。

⑦訏（xū）：广大无边。

⑧伊：嬉笑的样子。

⑨浏：水深的样子。

⑩殷其盈兮：人多，地方都满了。殷：众多。盈：满。

⑪将谑：相互逗弄玩笑。

【文意疏通】

溱水流来洧水流，春来涨满那沙洲。

青年小伙和姑娘，清香兰花拿在手。

姑娘说道："且去游！"小伙子说："虽游过，不妨再去走一走！"

一走走到洧水河，地大人多其快乐。

到处挤满男和女，又是笑来又是说，互相赠送香芍药。

溱水河来洧水河，河水深清起微波。

青年小伙和姑娘,一伙一伙真是多。

姑娘说:"去看看!"小伙子说:"已看过,不妨再去乐一乐!"

一走走到洧水河,地方宽敞人快活。

到处挤满男和女,又是笑来又是说,互相赠送香芍药。

【义理揭示】

《溱洧》描写的是阴历三月三日民间上巳节溱洧河畔男女青年游春相戏、互结情好的动人情景。"溱与洧,方涣涣兮",简简单单七个字,传递给我们多少欣喜、兴奋和欢乐的气息!一声虫唱,点醒了春光;一颗芽苞,点亮了春昼;一剪燕尾,点破了春江水先暖;一滴清露,点染了春风花草香。爱情,或在懵懂的青春里生长,或在漫漫的冬眠里苏醒。男女邂逅,情愫暗生,个中透露出青年人优哉游哉的逍遥快乐。

二 从心所欲,不逾矩

【原文选读】

子曰:"吾十有①五而志于学,三十而立②,四十而不惑③,五十而知天命④,六十而耳顺⑤,七十而从心所欲不逾矩⑥。"

(选自《论语·为政》)

注释:

①有:通"又"。

②立:站得住的意思。

③不惑:掌握了知识,不被外界事物所迷惑。

④天命：指不能为人力所支配的事情。

⑤耳顺：对此有多种解释。一般而言，指对那些于己不利的意见也能正确对待。

⑥从心所欲不逾矩：随心所欲而不越出规矩。从：遵从。逾：越过。矩：规矩。

【文意疏通】

孔子说："我十五岁立志于学习；三十岁能够自立；四十岁能不被外界事物所迷惑；五十岁懂得了天命；六十岁能正确对待各种言论，不觉得不顺；七十岁能随心所欲而不越出规矩。"

【义理揭示】

在本章里，孔子自述了他学习和提高修养的过程。就思想境界来讲，整个过程分为三个阶段：十五岁到四十岁是学习领会的阶段；五十、六十岁是安身立命的阶段，也就是不受环境左右的阶段；七十岁是主观意识和做人的规则融合为一的阶段。在这个阶段中，道德修养达到了最高的境界。孔子提高道德修养的过程，有合理因素：第一，他看到了人提高道德修养不是一朝一夕的事，不能一下子完成，不能搞突击，要经过长时间的学习和锻炼，要有一个循序渐进的过程。第二，道德的最高境界是思想和言行的融合，自觉地遵守道德规范，而不是勉强去做。这两点对任何人都是适用的。

三 子非鱼，安知鱼之乐

【原文选读】

庄子与惠子游于濠梁①之上。庄子曰："鲦鱼②出游从容③，是④鱼之乐也?"惠子曰："子非鱼，安⑤知鱼之乐?"庄子曰："子非我，安知我不知鱼之乐?"惠子曰："我非子，固⑥不知子矣；子固⑦非鱼也，子之不知鱼之乐，全⑧矣。"庄子曰："请循其本⑨。子曰'汝安知鱼乐'云者⑩，既已知吾知之而问我。我知之濠上也。"

（选自战国·庄周《庄子·秋水》）

注释：

①濠梁：濠水的桥上。濠：水名，在安徽凤阳。

②鲦（tiáo）鱼：一种淡水鱼中的银白色小鱼，又名白鲦。

③从容：悠闲自得。

④是：这。

⑤安：疑问代词，怎么，哪里。

⑥固：固然。

⑦固：本来。

⑧全：完全，确定是。

⑨循其本：从最初的话题说起。循：顺着。本：最初。

⑩子曰"汝安知鱼乐"云者：你说"汝安知鱼乐"等等。云者：如此如此。

【文意疏通】

庄子和惠子一道在濠水的桥上游玩。庄子说："白鲦鱼游得多么悠闲自在,这就是鱼儿的快乐。"惠子说:"你不是鱼,怎么知道鱼的快乐?"庄子说:"你不是我,怎么知道我不知道鱼儿的快乐?"惠子说:"我不是你,固然不知道你;你也不是鱼,你不知道鱼的快乐,也是完全可以肯定的。"庄子说:"还是让我们顺着先前的话来说。你刚才所说的'你哪里知道鱼的快乐'的话,就是已经知道了我知道鱼儿的快乐而问我,而我则是在濠水的桥上知道鱼儿快乐的。"

【义理揭示】

鱼有鱼的欢乐,人有人的悲伤。一个人有一个人的心愿,别人不可能完全理解。所以,一个人的悲伤和欢乐都只属于自己。"子非鱼,安知鱼之乐"可以有以下几种解释:"子非鱼,安(怎么)知鱼之乐""子非鱼,安(哪里)知鱼之乐""子非鱼,安(怎么)知鱼之乐",等等。庄子在这里看似是在玩文字游戏,但正是这种游戏和优游的态度让他达到物我两忘、惬意逍遥的境地。

四 羁鸟恋旧林

【原文选读】

少无适俗韵[①],性本爱丘山。
误落尘网[②]中,一去三十年。
羁鸟恋旧林,池鱼思故渊[③]。
开荒南野际[④],守拙[⑤]归园田。
方宅十余亩,草屋八九间。
榆柳荫[⑥]后檐,桃李罗[⑦]堂前。

暧暧⑧远人村，依依墟里⑨烟。

狗吠深巷中，鸡鸣桑树颠。

户庭无尘杂⑩，虚室有余闲⑪。

久在樊笼⑫里，复得返自然⑬。

(选自东晋·陶渊明《归园田居·其一》)

注释：

①适俗：适应世俗。韵：本性、气质。

②尘网：这里指仕途。

③羁鸟：笼中之鸟。池鱼：池塘之鱼。鸟恋旧林、鱼思故渊，借喻自己怀恋旧居。

④南野：一本作南亩。际：间。

⑤守拙：意思是不随波逐流，固守节操。

⑥荫：荫蔽。

⑦罗：罗列。

⑧暧暧（ài ài）：昏暗，模糊。

⑨依依：轻柔而缓慢地飘升。墟里：村落。

⑩户庭：门庭。尘杂：尘俗杂事。

⑪虚室：空室。余闲：闲暇。

⑫樊笼：蓄鸟工具，这里比喻官场生活。樊，栅栏。

⑬返自然：指归耕田园。这两句是说自己像笼中的鸟一样，重返大自然，获得自由。

【文意疏通】

从小就没有适应世俗的情趣，生性本来就喜欢山川田园。误落在尘世的罗网中，一转眼就是三十年。关在笼中的鸟儿留恋生活过的树林。囚禁在池中的鱼思念遨游过的深潭。在南面的山野里开垦荒地，安守本分我归居到田园。住宅周围有地十多亩，还有茅草小屋八九间。榆树柳树遮蔽着后檐，桃树李树排列在堂前。隐隐可见远处的村庄，乡里的炊烟缓缓地飘荡。狗叫在深巷中，鸡在桑树的顶端鸣叫。门庭里没有尘俗杂事，陋室里自有余暇清闲。久在官场里的我啊，又能返回自然了。

【义理揭示】

　　陶诗通常呈现素淡平易的面貌，不见组织雕镂之工。作为一个真诚率直的人，陶渊明的本性与淳朴的乡村、宁静的自然，似乎有一种内在的共通之处，所以起句直言"性本爱丘山"。诗歌中呈现的是土地、草房、榆柳、桃李、村庄、炊烟、狗吠、鸡鸣，等等，都是一些平平常常的景象。但是，就是这些平常的景象却在诗人的笔下构成了一幅恬静幽美、清新喜人的图画。在这画面上，田园风光以其清淡平素、毫无矫揉造作的天然之美，呈现在读者面前，使人悠然神往。其实，这表现着陶渊明优游之怀的理想：合理的社会，没有竞争、没有虚伪、没有外加的礼仪束缚，人人自耕自食。

五　与朱元思书

【原文选读】

　　风烟俱净①，天山共色②。从流飘荡③，任意东西④。自富阳至桐庐一百许⑤里，奇山异水，天下独绝⑥。

　　水皆缥碧⑦，千丈见底。游鱼细石，直视无碍。急湍甚箭⑧，猛浪若奔⑨。

第九章　优游之怀

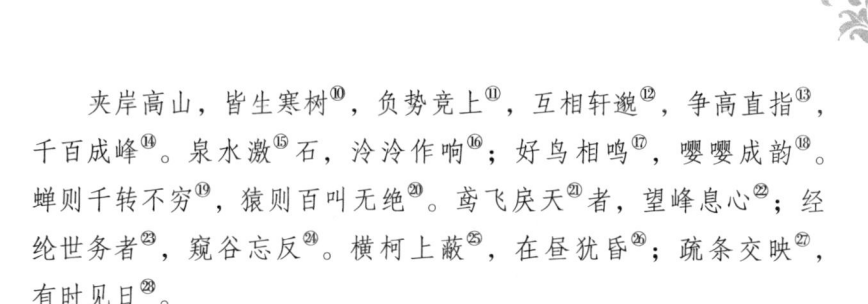

夹岸高山，皆生寒树⑩，负势竞上⑪，互相轩邈⑫，争高直指⑬，千百成峰⑭。泉水激⑮石，泠泠作响⑯；好鸟相鸣⑰，嘤嘤成韵⑱。蝉则千转不穷⑲，猿则百叫无绝⑳。鸢飞戾天㉑者，望峰息心㉒；经纶世务者㉓，窥谷忘反㉔。横柯上蔽㉕，在昼犹昏㉖；疏条交映㉗，有时见日㉘。

（选自南北朝·吴均《与朱元思书》）

注释：

①风烟俱净：烟雾都消散尽净。风烟，指烟雾。俱，全，都。净，消散尽净。

②共色：一样的颜色。共，一样。

③从流飘荡：（乘船）随着江流漂荡。从，顺，随。

④任意东西：任凭船按照自己的意愿，时而向东，时而向西。东西，向东漂流，向西漂流。

⑤许：表示大约的数量，上下，左右。

⑥独绝：独一无二。独，只。绝，绝妙。

⑦缥（piǎo）碧：青白色。

⑧急湍（tuān）：急流的水。急，迅速，又快又猛。湍，水势急速。甚箭，"甚于箭"，比箭还快。甚，胜过，超过。

⑨奔：文中指飞奔的骏马。

⑩寒树：使人看了有寒意的树。

⑪负势竞上：高山凭依高峻的地势，争着向上。负，凭借。竞，争着。上，向上。

⑫轩邈（miǎo）：意思是这些高山仿佛都在争着往高处和远处伸展。轩，高。邈，远。

⑬直指：笔直地向上，直插云天。指，向上。

⑭千百成峰：意思是形成无数山峰。

⑮激：冲击，拍打。

⑯泠（líng）泠作响：泠泠地发出声响。泠泠，拟声词，形容水声的清越。

⑰相鸣：互相和鸣，互相鸣叫。

⑱嘤（yīng）嘤成韵：鸣声嘤嘤，和谐动听。嘤嘤，鸟鸣声。韵，和谐的声音。

⑲蝉则千转（zhuàn）不穷：蝉儿长久不断地鸣叫。千转，长久不断地叫。转，通"啭"，鸟婉转地叫，这里指蝉鸣。穷，穷尽。

⑳无绝：就是"不绝"。绝，停止。

㉑鸢（yuān）飞戾（lì）天：老鹰高飞入天，这里比喻追求名利极力攀高的人。鸢，俗称老鹰，善高飞，是一种凶猛的鸟。戾，至。

㉒望峰息心：意思是看到这些雄奇的山峰，追逐名利的心就会平静下来。

㉓经纶（lún）世务者：治理社会事务的人。经纶，筹划、治理。世务，政务。

㉔窥谷忘反：看到这些幽美的山谷，就会流连忘返。窥，看。反，通"返"，返回。

㉕横柯（kē）上蔽：横斜的树木在上面遮蔽着。柯，树木的枝干。上，在上面。蔽，遮蔽。

㉖在昼犹昏：在白天，也好像黄昏时那样阴暗。昼，白天。犹，好像。

㉗疏条交映：稀疏的枝条互相掩映。疏条，稀疏的小枝。交映，互相遮掩。交，相互。

㉘日：太阳，阳光。

【文意疏通】

风和烟都消散了，天和山变成相同的颜色。我乘着船随着江流漂荡，随意地向东或向西漂流。从富阳到桐庐，一百里左右，奇异的山，灵异的水，天下独一无二。

水都是青白色的，清澈的水千丈也可以看见底。游动的鱼儿和细小的石头，可以直接看见，毫无障碍。湍急的水流比箭还快，凶猛的巨浪就像奔腾的骏马。

夹江两岸的高山上，都生长着使人看了有寒意的树，高山凭依着高峻的山势，争着向上，这些高山彼此都争着往高处和远处伸展；群山竞争着高耸，笔直地向上形成了无数个山峰。泉水飞溅在山石之上，发出清悦泠泠的响声；美丽的鸟相互和鸣，鸣声嘤嘤，和谐动听。蝉儿长久地叫个不停，猿猴长时间地叫个不停。像凶猛的鸟飞到天上为名利极力追求高位的人，看到这些雄奇的高峰，追逐功名利禄的心也就平静下来。那些整天忙于政务的人，看到这些幽美的山谷，就会流连忘返。横斜的树枝在上面遮蔽着，即使在白天，也像黄昏时那样阴暗；稀疏的枝条交相掩映，有时也可以见到阳光。

【义理揭示】

"山川之美，古来共谈"，江山如此多娇，引无数文人墨客，吟诗作文，为后人留下了众多脍炙人口的山水佳作。《与朱元思书》以简练明快的笔墨，描绘了一幅充满生机的自然画卷，且生动逼真地描绘出富春江沿途的绮丽风光，被视为骈文中写景的精品。吟诵此文，但觉景美、情美、词美、章美，如此短的篇幅，却给人以美不胜收之感，令人叹为观止。作者陶醉于山水美景中，将内心的优游之怀彰显得淋漓尽致。其驾驭文字的功力也巧妙地体现了作者内心的惬意优游之情。

六 一夜飞度镜湖月

【原文选读】

我欲因①之梦吴越，一夜飞度镜湖月。湖月照我影，送我至剡溪。谢公②宿处今尚在，渌③水荡漾清猿啼。脚著谢公屐④，身登青云梯⑤。半壁见海日，空中闻天鸡。千岩万转路不定，迷花倚石忽已暝⑥。熊咆龙吟殷岩泉⑦，栗深林兮惊层巅⑧。云青青兮欲雨，水澹澹⑨兮生烟。列缺⑩霹雳，丘峦崩摧。洞天石扉，訇然中开⑪。青冥浩荡⑫不见底，日月照耀金银台⑬。霓为衣兮风为马，云之君⑭兮纷纷而来下。虎鼓瑟兮鸾回⑮车，仙之人兮列如麻。忽魂悸以魄动，恍⑯惊起而长嗟。惟觉时⑰之枕席，失向来之烟霞⑱。

世间行乐亦如此，古来万事东流水⑲。别君去兮何时还？且放白鹿青崖间，须行即骑访名山⑳。安能摧眉折腰㉑事㉒权贵，使我不得开心颜？

（选自唐·李白《梦游天姥吟留别》）

注释：

①因：依据。

②谢公：指南朝诗人谢灵运。

③渌（lù）：清。

④谢公屐（jī）：谢灵运穿的那种木屐。

⑤青云梯：指直上云霄的山路。

⑥迷花倚石忽已暝（míng）：迷恋着花，依靠着石，不觉天色已经很晚了。暝，日落，天黑。

⑦熊咆龙吟殷岩泉：熊在怒吼，龙在长鸣，岩中的泉水在震响。

⑧栗深林兮惊层巅：使深林战栗，使层巅震惊。
⑨澹澹：波浪起伏的样子。
⑩列缺：指闪电。
⑪洞天石扉，訇（hōng）然中开：仙府的石门，訇的一声从中间打开。洞天，仙人居住的洞府。扉，门扇。訇然，形容声音很大。
⑫青冥浩荡：天空广阔远大。浩荡，广阔远大的样子。
⑬金银台：金银铸成的宫阙，指神仙居住的地方。
⑭云之君：云里的神仙。
⑮回：旋转，运转。
⑯恍：恍然，猛然。
⑰觉时：醒时。
⑱失向来之烟霞：刚才梦中所见的烟雾云霞消失了。向来，原来。烟霞，指前面所写的仙境。
⑲东流水：像东流的水一样一去不复返。
⑳且放白鹿青崖间，须行即骑访名山：暂且把白鹿放在青青的山崖间，等到要行走的时候就骑上它去访问名山。白鹿，传说神仙或隐士多骑白鹿。须，等待。
㉑摧眉折腰：低头弯腰摧眉，即低眉。
㉒事：侍奉。

【文意疏通】

　　我根据越人说的话梦游到吴越，一天夜晚飞渡过明月映照下的镜湖。镜湖上的月光照着我的影子，一直伴随我到了剡溪。谢灵运住的地方如今还在，清澈的湖水荡漾，猿猴清啼。我脚上穿着谢公当年特制的木鞋，攀登直上云霄的山路。上到半山腰就看见了从海上升起的太阳，在半空中传来天鸡报晓的叫声。无数山岩重叠，道路盘旋弯曲，方向不定，迷恋着花，依倚着石头，不觉天色已经晚了。熊在怒吼，龙在长鸣，岩中的泉水在震响，使森林战栗，使山峰惊颤。云层黑沉沉的，像是要下雨，水波动荡生起了烟雾。电光闪闪，雷声轰鸣，山峰好像要崩塌似的。仙府的石门，訇的一声从中间打开。洞中蔚蓝的天空广阔无际，看不到尽头，日月照耀着金银做的宫阙。用彩虹做衣裳，将风作为马来乘，云中的神仙们纷纷下来。老虎弹奏着琴瑟，鸾鸟驾着车。仙人们成群结队密密麻麻。忽然我魂魄惊动，猛然惊醒，不禁长声叹息。醒来时只有身边的枕席，刚才梦中所见的烟雾云霞全都消失了。

　　人世间的欢乐也是像梦中的幻境这样，自古以来万事都像东流的水一样一去不复返。告别诸位朋友远去东鲁啊，什么时候才能回来？暂且把白鹿放牧在青崖间，等到要远行时就骑上它访名山。岂能卑躬屈膝，去侍奉权贵，使我不能舒心畅意，笑逐颜开！

【义理揭示】

　　李白一生徜徉山水，热爱山水。此诗所描写的梦游，也许并非完全虚托。无论是否虚托，梦游更适于诗人超脱现实，更便于发挥他的想象和夸张的才能。暮色中熊咆龙吟，震响于山谷之间，深林为之战栗，层巅为之惊动。不止有生命的熊与龙以吟、咆表示情感，就连层巅、深林也能战栗、惊动，烟、水、青云都满含阴郁，与诗人的情感相融，形成统一的氛围。

　　李白在这里写梦游奇境，不同于一般游仙诗。它感慨深沉，抗议激烈，在神仙世界虚无缥缈的描述中依然着眼于现实。从这一点来看，这首诗正体现出作者的优游之怀。

七 长安市上酒家眠

【原文选读】

知章①骑马似乘船，眼花落井水底眠。

汝阳②三斗始朝天③，道逢曲车口流涎，恨不移封④向酒泉⑤。

左相⑥日兴费万钱，饮如长鲸⑦吸百川，衔杯乐圣⑧称避贤。

宗之⑨潇洒美少年，举觞⑩白眼⑪望青天，皎如玉树临风⑫前。

苏晋⑬长斋绣佛⑭前，醉中往往爱逃禅⑮。李白斗酒诗百篇，长安市上酒家眠，天子呼来不上船，自称臣是酒中仙。

张旭⑯三杯草圣传，脱帽露顶⑰王公前，挥毫落纸如云烟。

焦遂⑱五斗方卓然⑲，高谈雄辩惊四筵。

（选自唐·杜甫《饮中八仙歌》）

注释：

①知章：即贺知章，越州永兴（今浙江萧山）人，官至秘书监。性旷放纵诞，自号"四明狂客"。

②汝阳：汝阳王李琎，唐玄宗的侄子。

③朝天：朝见天子。此谓李痛饮后才入朝。

④移封：改换封地。

⑤酒泉：郡名，在今甘肃酒泉县，传说郡城下有泉，味如酒，故名酒泉。

⑥左相：指左丞相李适之，742年（天宝元年）八月为左丞相，后为李林甫排挤罢相。

⑦长鲸：鲸鱼。古人以为鲸鱼能吸百川之水，故用来形容李适之的酒量之大。

⑧衔杯：贪酒。圣：酒的代称。

⑨宗之：崔宗之，吏部尚书崔日用之子，袭父封为齐国公，官至侍御史，也是李白的朋友。

⑩觞：大酒杯。

⑪白眼：晋阮籍能作青白眼，青眼看朋友，白眼视俗人。

⑫玉树临风：崔宗之风姿秀美，故以玉树为喻。

⑬苏晋：开元年间进士，曾为户部和吏部侍郎。

⑭长斋：长期斋戒。绣佛：画的佛像。

⑮逃禅：这里指不守佛门戒律。佛教戒饮酒，苏晋长斋信佛，却嗜酒，故曰"逃禅"。

⑯张旭：唐代著名书法家，善草书，时人称为"草圣"。

⑰脱帽露顶：写张旭狂放不羁的醉态。据说张旭每当大醉，常呼叫奔走，索笔挥洒，甚至以头濡墨而书。醒后自视手迹，以为神异，不可复得。世称"张颠"。

⑱焦遂：布衣之士，平民，以嗜酒闻名，事迹不详。

⑲卓然：神采焕发的样子。

【文意疏通】

贺知章酒后骑马，晃晃悠悠，如在乘船。他眼睛昏花坠入井中，竟在井底睡着了。汝阳王李琎饮酒三斗以后才去觐见天子。路上碰到装载酒曲的车，酒味引得口水直流，为自己没能封在水味如酒的酒泉郡而遗憾。左相李适为每日之兴起不惜花费万钱，饮酒如长鲸吞吸百川之水。自称举杯豪饮是为了脱略政事，以便让贤。崔宗之是一个潇洒的美少年，举杯饮酒时，常常傲视青天，俊美之姿有如玉树临风。苏晋虽在佛前斋戒吃素，饮起酒来常把佛门戒律忘得干干净净。李白饮酒十斗，立可赋诗百篇，他去长安街酒肆饮酒，常常醉眠于酒家。天子在湖池游宴，召他为诗作序，他因酒醉

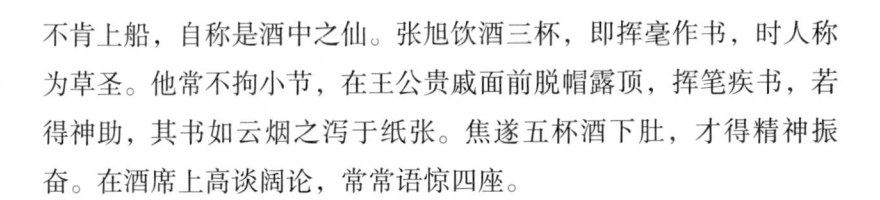

不肯上船，自称是酒中之仙。张旭饮酒三杯，即挥毫作书，时人称为草圣。他常不拘小节，在王公贵戚面前脱帽露顶，挥笔疾书，若得神助，其书如云烟之泻于纸张。焦遂五杯酒下肚，才得精神振奋。在酒席上高谈阔论，常常语惊四座。

【义理揭示】

诗人以洗练的语言，人物速写的笔法，将饮中八仙写进一首诗里，构成一幅栩栩如生的群像图。八个酒仙是同时代的人，又都在长安生活过，在嗜酒、豪放、旷达、优游等这些方面又彼此相似。《饮中八仙歌》的情调幽默诙谐，色彩明丽，旋律轻快。每个人物自成一章，八个人物主次分明，每个人物的性格特点，彼此衬托映照，有如一座群体圆雕，艺术上确有独创性。正如王嗣奭所说："此创格，前无所因。"它在古典诗歌中的确是别开生面之作。

八 记承天寺夜游

【原文选读】

元丰六年十月十二日夜，解衣欲睡，月色入户①，欣然②起行③。念④无与为乐者，遂⑤至⑥承天寺寻张怀民。怀民亦未寝，相与⑦步于中庭⑧。庭下如积水空明⑨，水中藻、荇⑩交横，盖竹柏影也。何夜无月？何处无竹柏？但少闲人⑪如吾两人者耳⑫。

（选自北宋·苏轼《记承天寺夜游》）

注释：

①户：一说指堂屋的门，又一说指窗户，这里指门。

②欣然：高兴、愉快的样子。

③行：散步。

④念：考虑，想到。

⑤遂：于是，就。

⑥至：到。

⑦相与：共同，一同。

⑧中庭：庭院里。

⑨空明：水澄澈的样子。在这里形容月色如水般澄净明亮的样子。

⑩藻、荇（xìng）：均为水生植物，这里是水草。藻：水草的总称。荇：一种多年生水草，叶子像心脏形，面绿背紫，夏季开黄花。

⑪闲人：这里是指不汲汲于名利而能从容流连光景的人。苏轼这时被贬为黄州团练副使，这是一个有职无权的官，所以他十分清闲，自称"闲人"。

⑫耳：语气词，相当于"而已"，意思是"罢了"。

【文意疏通】

元丰六年十月十二日夜晚，我刚脱下衣服准备睡觉，这时月光从门射入，于是我就高兴地起床出门散步。想到没有可以共同取乐的人，我于是前往承天寺寻找张怀民。怀民也还没有睡觉，我们便一同在庭院中散步。月光照在庭院里像积水一样清澈透明。水藻、水草纵横交错，原来是竹子和柏树的影子。哪一晚没有月亮？哪个地方没有竹子和柏树呢？只是缺少像我们两个这样清闲的人罢了。

【义理揭示】

《记承天寺夜游》表达的感情是微妙且复杂的，贬谪的悲凉，人生的感慨，赏月的欣喜，漫步的悠闲等等，都包含其中。作者"解衣欲睡"的时候，"月色入户"，于是"欣然起行"，月光难得，不免让人欣喜。可是没有人和自己共同赏月,只好去找同样被贬的张怀民,这里面有多少被贬谪的悲凉与人生的感慨!两人漫步中庭,又是悠闲的。自比"闲人",则所有意味尽含其中。对澄澈透明而又美妙的月色的形象描绘,透露出作者在逆境中虽情绪低落,而又能随遇自适,自我排遣的特殊心境。作者对月光的爱慕正抒发了作者自解、自嘲的心境以及对自然生活的向往与优游之怀。

九 密州出猎

【原文选读】

老夫聊发少年狂①,左牵黄,右擎苍②,锦帽貂裘③,千骑卷平冈④。为报倾城随太守⑤,亲射虎,看孙郎⑥。

酒酣胸胆尚开张⑦。鬓微霜⑧,又何妨!持节云中,何日遣冯唐⑨?会挽雕弓如满月⑩,西北望,射天狼⑪。

(选自北宋·苏轼《江城子·密州出猎》)

注释:

①老夫:作者自称,时年四十。聊:姑且,暂且。狂:狂妄。

②左牵黄,右擎苍:左手牵着黄狗,右臂托起苍鹰,形容围猎时用以追捕猎物的架势。

③锦帽貂裘:头戴着华美鲜艳的帽子,身穿貂鼠皮衣。这是汉羽林军穿的服装。

④千骑卷平冈:形容马多尘土飞扬,过山岗像卷席子一般掠过。千骑(jì),形容从骑之多。平冈,指山脊平坦处。

⑤为报:为了报答。太守:古代州府的行政长官。

⑥孙郎:三国时期东吴的孙权,这里是作者自喻。

⑦酒酣胸胆尚开张：尽情畅饮，胸怀开阔，胆气豪壮。尚，更。

⑧鬓：额角边的头发。霜：白。

⑨持节云中，何日遣冯唐：朝廷何日派遣冯唐去云中郡赦免魏尚的罪呢？节，兵符，带着传达命令的符节。持节，是奉有朝廷重大使命。

⑩会：应当。挽：拉。雕弓：弓背上有雕花的弓。满月：圆月。

⑪天狼：星名，一称犬星，旧说指侵掠，这里引指西夏。

【文意疏通】

让老夫也暂且抒发一回少年狂，左手牵扯着黄犬，右臂托着苍鹰。头上戴着锦缎做的帽子，身上穿着貂皮做的大衣，带领千余膘马席卷过小山冈，威武雄壮。为了酬报太守，人们倾城出动，紧随身后。我要亲自搭弓射虎，看！咱多像当年的孙权，英姿勃发，意气豪放。

酒意正浓时，胸怀更开阔，胆气更豪壮。两鬓已生出白发，这又算得了什么！遥想当年，冯唐手持文帝的符节去解救战将魏尚，使其免罪复职，什么时候朝廷能派遣冯唐式的义士来为我请命，让我像魏尚一样受到重用，戍边卫国呢？我也能拉开雕弓圆如满月，随时警惕地注视着西北方，勇敢地将利箭射向入侵之敌。

【义理揭示】

这首词通篇纵情放笔，气概豪迈，一个"狂"字贯穿全篇。词人左手牵黄犬，右臂托苍鹰，好一副出猎的雄姿！随从武士个个也是"锦帽貂裘"，打猎装束。作者以少年英主孙权自比，更是显出东坡的"狂"劲和豪兴来。

词中写出猎之行，抒兴国安邦之志，既拓展了词境，又提高了词品。作品融叙事、言志、用典为一体，调动各种艺术手段，多角度、多层次地从行动和心理上表现了作者宝刀未老、志在千里的英风与豪气。

十 放浪曲蘖，恣情山水

【原文选读】

徐渭，字文长，为山阴诸生[①]，声名籍甚[②]。薛公蕙校越时，奇其才，有国士之目。然数奇[③]，屡试辄蹶[④]。中丞胡公宗宪闻之，客诸幕[⑤]。文长每见，则葛衣乌[⑥]巾，纵谈天下事，胡公大喜。是时公督数边兵，威振东南，介胄之士[⑦]，膝语蛇行[⑧]，不敢举头，而文长以部下一诸生傲之，议者方之刘真长、杜少陵云。会得白鹿，属文长作表，表上，永陵喜。公以是[⑨]益奇之，一切疏记[⑩]，皆出其手。文长自负才略，好奇计，谈兵多中，视一世士无可当意者。然竟不偶[⑪]。

文长既已不得志于有司[⑫]，遂乃放浪曲蘖[⑬]，恣情山水，走齐鲁燕赵之地，穷览朔漠[⑭]。其所见山奔海立、沙起雷行、风鸣树偃、幽谷大都、人物鱼鸟，一切可惊可愕之状，一一皆达之于诗。其胸中又有勃然不可磨灭之气，英雄失路，托足无门之悲。故其为诗，如嗔[⑮]如笑，如水鸣峡，如种出土，如寡妇之夜哭，羁人[⑯]之寒起。虽其体格时有卑者，然匠心独出，有王者气[⑰]，非彼巾帼而事人[⑱]者所敢望也。文有卓识，气沉而法严，不以模拟损才，不以议论伤格，韩曾之流亚[⑲]也，文长既雅不与时调[⑳]合，当时所谓骚坛主盟者[㉑]，文长皆叱而怒之。故其名不出于越，悲夫！

（选自明·袁宏道《徐文长传》）

注释：

①诸生：明代经过省内各级考试，录取入府、州、县学者，称生员。生员有增生、附生、廪生、例生等名目，统称诸生。

②声名藉甚：名声很大。藉甚：盛大，很多。

③数奇（jī）：命运坎坷，遭遇不顺。

④辄蹶（jué）：总是失败。

⑤客诸幕：作为幕宾。

⑥葛衣乌巾：身着布衣，头戴黑巾。此为布衣装束。

⑦介胄之士：披甲戴盔之士，指将官们。

⑧膝语蛇行：跪着说话，爬着走路，形容极其恭敬惶恐。

⑨以是：因为这个缘故。

⑩疏记：两种文体。疏：即臣下给皇帝的奏疏。记，书牍、札子。

⑪不偶：不遇。

⑫有司：主管部门的官员。

⑬曲蘖（niè）：即酒母，酿酒的发酵物，后遂以之代指酒。

⑭朔漠：北方沙漠地区。

⑮嗔：生气。

⑯羁人：旅客。

⑰王者气：称雄文坛的气派。

⑱巾帼而事人：古代妇人的头巾和发饰，后也用以指代妇女。此处指男子装出女人的媚态，趋奉人，不知羞耻。帼：妇女的头巾，用巾帼代指妇女。

⑲韩曾：唐朝的韩愈、宋朝的曾巩。流亚：匹配的人物。

⑳雅：平素，向来。时调：指当时盛行于文坛的拟古风气。

㉑骚坛：文坛。主盟者：指嘉靖时后七子的代表人物王世贞、李攀龙等。

第九章 优游之怀

【文意疏通】

　　徐渭，字文长，在山阴县做生员时，声名很盛，薛公蕙在浙江做学官时，很赏识他的才华，认为他是国家的杰出人才。然而他命运不佳，屡次应试屡次落第。中丞胡公宗宪听到他的名声后，把他当作客人邀至幕府。文长每次参见胡公，身着葛布长衫，头戴黑头巾，挥洒自如，了无顾忌地谈论天下大事，胡公听后十分高兴。当时胡公统率着好几个防区的军队，威镇东南地区。戴盔穿甲的武士在他面前，总是跪下回话，爬着行走，不敢仰视。而文长以帐下一生员的身份却表现得对胡公很高傲，谈论者都把他比作刘真长、杜少陵一样的人物。恰逢胡公猎获一头白鹿，以为祥瑞奉献给皇上，嘱托文长作贺表，表文奏上后，世宗皇帝看了很高兴。胡公因此更加赏识文长，所有疏奏、簿计都交他办理。文长对自己才智谋略很自负，好出奇计，谈论用兵方略往往切中要害。在他看来，天下事没有一件令人满意的。然而，他终究未能得到施展抱负的时运。

　　文长既然在官场上不得志，于是以饮酒来放纵自己，尽情纵情山水。他游历了山东、河北，又饱览了塞外大漠的风光。他把见到的山峦壁立、海浪奔腾、胡沙满天和雷霆震天，风雨交鸣和树木倒伏，乃至山谷的幽深冷清和都市的繁华热闹，以及奇人异士、鱼鸟，一切能使人震惊、惊恐的自然和人文景观，都一一写进诗中。他胸中有奋发而不可磨灭的气概和英雄无用武之地的悲凉，所以他写的诗有时像是发怒，有时又像是嬉笑，有时如山洪奔流于峡谷，发出轰雷般的涛声，有时如春芽破土，充满蓬勃的生机。有时他的诗像寡妇深夜哭泣，有时像游子被寒风惊醒。虽然这些诗作的体裁格律时有不高明之处，但是却匠心独运，有王侯的气魄，不是那种像女子一般侍奉他人的媚俗的诗作敢于企及的。徐文长的文章有真知灼见，气势沉着而法度精严，不因墨守成规而压抑自己的才华和创造力，也不因漫无节制地放纵议论以致伤害文章的严谨理路，是属于韩愈、曾巩一派的文章家。徐文长素来不迎合时兴的调子，对当时所谓的文坛领袖，他一概加以愤怒的抨击，所以他的名声也只局限在家乡浙江一带，这实在令人为之悲哀！

【义理揭示】

徐文长是著名的诗人、戏曲家，又是一流的画家、书法家。但是他一生遭遇波折。他在世时，虽然不算无名之辈，还几乎做出一番事业，但最终如这篇传记所说的，"竟以不得志于时，抱愤而卒"。他死后，袁宏道为他刊布文集，为之立传，使这位尘霾无闻的人物终于大显于世，进而扬名后代。《徐文长传》叙述的是这样一个极具代表性的怀才不遇的封建知识分子形象。

徐文长傲气十足，进见"督数边兵，威震东南"的胡宗宪时，将官们匍匐跪语，不敢举头，而他以帐下的一个秀才身份却侃侃而谈。正因为如此，徐文长才怀着优游和悲愤，"自负才略"，"视一世士无可当意者"。而"古今文人牢骚困苦，未有若先生者也"，是袁宏道为徐文长作传的真实感情流露。

十一 湖心亭看雪

【原文选读】

崇祯五年十二月，余住西湖。大雪三日，湖中人鸟声俱绝。是日更定①矣，余挐②一小舟，拥毳衣炉火③，独往湖心亭看雪。雾凇沆砀④，天与云与山与水，上下一白⑤。湖上影子，惟长堤一痕⑥、湖心亭一点，与余舟一芥、舟中人两三粒而已。

到亭上，有两人铺毡对坐，一童子烧酒炉正沸。见余，大喜曰："湖中焉得⑦更有此人！"拉余同饮。余强饮三大白⑧而别。问其姓氏，是金陵人，客此。及下船，舟子⑨喃喃曰："莫说相公痴，更⑩有痴⑪似相公者！"

（选自清·张岱《陶庵梦忆》）

注释：

①更定：指初更以后，晚上八点左右。

②拏（ná）：撑船，划船。

③拥毳（cuì）衣炉火：穿着皮毛衣，带着火炉乘船。毳：鸟兽的细毛。

④雾凇沆砀（wù sōng hàng dàng）：形容雪夜寒气弥漫。雾凇，水汽凝成的冰花；雾是从天空下罩湖面的云气，凇是从湖面上蒸发的水汽。沆砀，白气弥漫的样子。

⑤一白：全白。

⑥长堤一痕：形容西湖长堤在雪中只隐隐露出一道痕迹。堤：沿河或沿海的防水建筑物。

⑦焉得：哪能。

⑧白：古人罚酒时用的酒杯，这里指小白玉酒杯。

⑨舟子：船夫。

⑩更：还。

⑪痴：特有的感受，来展示他钟情山水，淡泊孤寂的独特个性。

【文意疏通】

崇祯五年十二月，我住在杭州西湖。大雪接连下了几天，湖中行人，飞鸟和各种声音都消失了。这一天打更以后，我撑着一叶扁舟，穿着细毛皮衣，带着火炉，独自前往湖心亭观赏雪景。湖上弥漫着水汽凝成的冰花，天与云、与山、与水，浑然一体，白茫茫一片。湖上比较清晰的影子，只有淡淡的一道长堤痕迹，湖心亭的一点轮廓和我的一叶小舟，船上米粒大小的两三个人罢了。

到了湖心亭上，有两个人铺着毡对坐，一个童子烧的酒滚沸，炉上的酒正在沸腾。那两个人看见我，非常高兴，说："这样的大雪天哪里能想到在西湖中还能遇见你。"他们拉着我一同喝酒。我尽力地喝几大杯后告辞。我问他们姓氏，他们回答我是金陵人，在此地客居。等到下船的时候，船夫喃喃自语地说："不要说相公您痴，还有像您一样痴的人呢。"

【义理揭示】

《湖心亭看雪》写于明王朝灭亡以后。作者将对故国往事的怀恋以浅淡的笔触融入了山水小品。作者通过写湖心亭赏雪遇到知己的事，表现了一开始孤独寂寞的心境和淡淡的愁绪。突出了作者遗世独立、卓然不群的高雅情趣，同时也反映了作者不与世俗同流合污、不随波逐流的品质以及远离世俗，孤芳自赏的情怀。

文化倾听

在我国传统文化中，儒家主张修身养性、积极入世，道家则追求逍遥任性、超然出世。身处两种文化影响下的古代士人在仕途遭受打击后通常用道家思想来疗伤。于是，出现了以摆脱精神羁绊、放松心灵的一种精神追求——优游之怀。

第九章　优游之怀

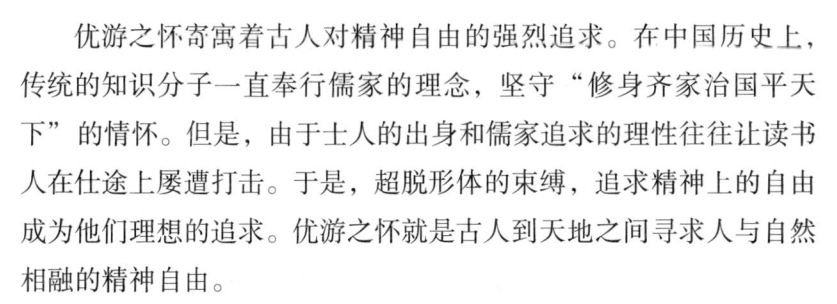

优游之怀寄寓着古人对精神自由的强烈追求。在中国历史上，传统的知识分子一直奉行儒家的理念，坚守"修身齐家治国平天下"的情怀。但是，由于士人的出身和儒家追求的理性往往让读书人在仕途上屡遭打击。于是，超脱形体的束缚，追求精神上的自由成为他们理想的追求。优游之怀就是古人到天地之间寻求人与自然相融的精神自由。

古人的优游之怀不仅是在山水之间徜徉，更重要的是通过优游来放松心情、体验生命、发现对人生的感悟。他们会通过对大千世界的远观，突破个人自身的局限，从而从容地舒展个人的精神空间。企盼超然物外的士人或纵情山水，或吟咏山林，借自然山水、鱼跃鸟啼来排解心中的压抑与苦闷。他们怡情山水、流连自然，为的是借山水之美来启迪灵性，并且从中发掘生活之美，以获得精神上的极大享受。

在中国的历史上，真正摆脱了世俗的羁绊，做到物我同一、心与道冥的是陶渊明。陶渊明将自己内心的优游之怀与自然田园结合，是中国历史上唯一能把自我与自然浑然相融的人。苏轼认为陶渊明最可贵之处就在于"欲仕则仕，不以求之为嫌，欲隐则隐，不以去之为高"的真性情。"采菊东篱下，悠然见南山"是陶渊明优游之怀的典型表现。

李白原本有"济苍生"、致君尧舜的政治理想，也有"长风破浪会有时，直挂云帆济沧海"的政治信心。但是李白的政治理想在现实面前依然破碎。在政治失意后，李白高呼"安能摧眉折腰事权贵，使我不得开心颜"一泄内心郁闷，然后怀着优游之心"且放白鹿青崖间"，在江湖间安顿漂泊不定的心灵。

优游反映出的是古人独特的人生境界，一种认识世界、穿透世界的方法。优游是在超越的境界中延伸自己的生命并寄托个人的理想。许多人执着地作精神的远足，就是为了给寂寞的心灵以从容舒展的空间，在优游穿行中抚慰痛苦的心灵。

林语堂在《中国人》中曾说过："中国人被认为是讲求实际的民族。然而，他们浪漫的一面也许比现实的一面更深刻，这一点表现在深刻的个性中，在对自由的热爱中，在乐天的生活态度中……在内心里，每个中国人都想当流浪汉，过流浪生活。如果没有这种精神上的依托，在儒教控制下的生活必将是无法忍受的。道教使中国人处于游戏状态，儒教使中国人处于工作状态。这就是每个中国人在成功时是儒家，而失败时变成道家的原因。道家的自然主义，正是用来慰藉中国人受伤的心灵的止痛药膏。"回归自然，在自然山水的优游中诗人可以彻底地放松自己的身心，因为他们不必和自然算计，不必和自然作假。在大自然中，他们的心灵会变得简单、清净。也许正是这广袤秀丽的大自然造就了中国文人自由的心灵，他们在和大自然的和谐相处中，达到了物我交融的艺术境界。

既然优游是一种精神的远足，有些时候古人不必躬身远行，在自己的家中亦可以达到精神的优游。古代一些私家园林的建造就是缘于古人的优游之怀。他们将个人对自然乃至整个宇宙、人生本质的体验与理解有机融于一园之中，是在天人合一、物我相融心态下对自然的关照和把握。园林中一石一木独自成景，为足不出园的少男少女提供了理解自然、融入自然的机会，同时也给游览者以审美愉悦。

古人追求的优游之怀是将自适作为根本的追求，优游的历程也就意味着性灵的解放。古人在优游中超越外在的物质世界，将自己的性灵融入宇宙自然之间。他们通于天地，融自我和万物为一体，从而获得灵魂的适意，达到了一种内在的、逍遥的境界。他们是以优游之怀用自己的心灵去发现一个新的世界，一个与心灵相互优游的宇宙。

文化传递

用"传奇"来描述一位90岁艺术大师的一生似乎太过俗套，但也确实很难找到另外更为贴切的词汇来与黄永玉匹配。人生的跌宕也许长者都经历了许多，但在任何境遇之中都能保持真正的通透与快乐，却只有那些心有优游之怀和大智慧的人才能做到。

黄永玉自学成才，被称为一代"鬼才"。他博学多识，诗书画俱佳。他设计的猴票和酒鬼酒包装家喻户晓。他曾被意大利总统授予司令勋章，在海内外享誉甚高。至今，90多岁的黄永玉依然性情开朗、精神矍铄，对家乡更是一往情深。他认为故乡是一个人感情的摇篮，它的影响将贯穿人的一生；故乡是自己的被窝，或许它的气味并不好闻，但却是自己最熟悉而又无可替代的气息。

2010年8月，黄永玉被聘为中国国家画院版画院院长。那一年，黄永玉是带着他那颗饱经沧桑的心来到北京的。在今天被他命名为"芥末"的故居中，四壁是墙，除了一个极为狭窄的门外，整幢房子连一扇窗也没有。但是，黄永玉并没有嫌弃这个令人憋闷的家，反而开口大笑起来。不一会儿，他便在白纸上画出了一扇极为逼真的窗。在场的人纷纷鼓掌叫起"好"。他们除了惊叹黄永玉大师出神入化、撼人心魄的画技外，更多的是被他"画一扇窗给自己"的豁达超然的人生态度所折服。

许多人比较看重的财权名利和许多人放不下的苦难磨砺,黄永玉都不放在心上。黄永玉一直说,对他而言真正重要的事情是"好玩"。一直以来,黄永玉就是这样一位怀着优哉游哉情怀生活的豁达之人。

黄永玉自幼家境贫寒,12岁就外出谋生,流落到安徽、福建山区小瓷作坊做童工,后来辗转到上海、台湾和香港。但天资聪颖的黄永玉成名很早,14岁便已经开始发表作品,16岁就能够以画画及木刻谋生,并很快成为当时的艺坛新秀。到上世纪50年代,黄永玉就已成为国内知名艺术家。

但是,黄永玉在"文化大革命"中不幸遭遇"黑画风波",受到了迫害并被遣送回家乡凤凰。被平反后,黄永玉继续进行艺术创作,并保持着非常好的创作状态。

2013年,在国家博物馆举行的"黄永玉九十画展"共展出他的300余件作品。其中包括版画、国画、油画、书法、雕塑、设计、玻璃工艺以及壁画等多种门类的艺术作品。在众多作品当中,有一幅作品意外地被疯狂转贴——那就是"世界长大了,我他妈也老了!"这一巨幅书法作品。这看似有黄永玉对"老"的感叹,但是,却又显示出了他内心优游的豁达和坦然。这样的作品出现在一位艺术家90岁的画展中,恐怕也只有黄永玉了。

而今,黄永玉已经到了耄耋之年,可他依然豁达。他抽烟、和年轻人一样晚睡、不运动、不吃水果,他几乎从不考虑养生问题。他还成为《时尚先生》最年长的封面男郎。黄永玉就是这样一位优哉游哉的"时尚先生"。

文化感悟

1. 优游之怀是消极避世吗？联系第四章《济世之志》和第五章《山水之趣》简要谈谈你的理解。

2. 庾澄庆的《快乐颂》已经流行了很多年，但仍受各阶层人士的喜爱，因为它能挑起听众快乐的情绪。请品读《快乐颂》歌词，并与同学谈谈你的感受。

你快乐吗
我很快乐
第一步就是向后退一步
你快乐吗
我很快乐
只要大家和我们一起唱
快乐其实也没有什么道理
告诉你
快乐就是这么容易的东西
……　……